安全教育男生篇图文系列

男生♂安全小百科

李澍晔 刘燕华 李美晔◎著

中国经济出版社
CHINA ECONOMIC PUBLISHING HOUSE
·北京·

图书在版编目（CIP）数据

男生安全小百科/李澍晔著．
北京：中国经济出版社，2017.10（2020.7重印）
ISBN 978－7－5136－4529－4

Ⅰ.①男… Ⅱ.①李… Ⅲ.①生存能力—青少年读物 Ⅳ.①B848.2－49

中国版本图书馆CIP数据核字（2016）第309673号

责任编辑　陈　瑞
责任印制　马小宾
封面设计　任燕飞装帧设计工作室
插图作者　刘璐雨

出版发行　中国经济出版社
印 刷 者　北京富泰印刷有限责任公司
经 销 者　各地新华书店
开　　本　880mm×1230mm　1/32
印　　张　9.125
字　　数　202千字
版　　次　2017年10月第1版
印　　次　2020年7月第3次
定　　价　36.00元
广告经营许可证　京西工商广字第8179号

中国经济出版社 **网址** www.economyph.com **社址** 北京市西城区百万庄北街3号 **邮编** 100037
本版图书如存在印装质量问题，请与本社发行中心联系调换（联系电话：010－68330607）

前言

现在人们生活的环境越来越复杂了，各种危险随时都可能发生在身边，同学们想过吗？一旦危险发生在你眼前，或者你就是受害者，知道该怎么办吗？是惊慌失措、呆若木鸡地等待呢？还是灵活机智，采取特殊的方法求生呢？这是一个很严肃的话题，需要同学们认真思考。

为什么说现在的危险因素增多了呢？这主要是自然环境变得恶劣了，像地震、海啸、龙卷风、沙尘暴、泥石流、暴风雨、雷电等灾害频频出现。另外，由于工业化进程加快，汽车、电器、轮船、飞机、火车、电脑、手机与人们几乎形影不离，发生意外事故的概率增大。

随着人们生活水平的提高，外出旅游的次数增多，特别是探险的欲望逐渐增强，同学们喜欢到荒野里游玩，这无形中增加了遇到危险的概率，但无论怎样的危险，无论是以什么方式出现的危险，只要同学们有预防危险的心理准备，掌握好高超的求生技能，就能在危险发生前做出规避行为；就能在危险发生中机智应对，把危险降到最低，甚至化险为夷。所以，从现在开始，同学们只有认真学习求生本领，才能做到遇事不慌，从容应对。

李阖晔　刘燕华　李夏晔

2016年4月28日

于北京郊区老房子

目录

四、校外活动

七、家中险情

八、意外伤害

九、非常情况

一、保护身体

1. 眼睛

俗话说："眼睛是心灵的窗户。"为什么这样说呢？因为眼睛是我们直接认识和感知世界的第一个重要器官。冰的晶莹、雪的洁白、花的斑斓……五彩的世界尽收眼底。此刻，如果闭上眼睛的话，眼前必定是漆黑一片，你会有何感受呢？

此外，眼睛还能真实地表达少年们的情绪和情感。你们是否记得犯错误时，老师或父母经常说的一句话："别乱看，看着我的眼睛……"

为什么要看着对方的眼睛呢？因为，眼睛能毫无保留地反映出人们的内心世界，所以被称为"心灵的窗户"。

初中一年级的小华特别任性，喜欢玩游戏。放暑假的时候，他最开心了，因为他刚刚参加完"小升初"的考试，没有了学习压力，有种"倍儿爽"的感觉。于是，他撒了欢似地玩起了电脑游戏，一玩就是几个小时。

爸爸多次提醒他长时间玩电脑对眼睛会造成伤害，可是他却觉得爸爸是在吓唬自己，依旧我行我素。假期即将结束，他感觉眼睛干涩，还有血丝，视物模糊。妈妈赶紧带他去医院检查，诊断为角膜炎，轻度近视。小华纳闷了，之前自己还一直因为标准的视力而得意呢，怎么就近视了？可千万别戴眼镜啊，因为他的目标是考军校。

医生告诉他，长时间玩游戏会对眼睛造成损害，好在他的近视是假性近视，只要好好调养、科学用眼，认真做眼保健操，视力还是可以恢复的。

（1）克服不良习惯。无意识的皱眉、眯眼会使眼部周围的皮肤紧张，变得松弛老化，长期熬夜、上网、无规律的睡眠都会影响眼睛健康。

（2）室内的光线要充足、舒适，感觉正好，太弱、太强都会刺激眼部，导致视神经疲劳。

（3）坐姿要正确。坐有坐相，站有站相。平时坐着时，要不断提醒自己，不可弯腰驼背，也不能趴着做功课，因为这样会造成睫状肌紧张过度，进而导致近视。

（4）看书距离要适中。书与眼睛之间的距离以 30 厘米为准，桌椅高度要与体格匹配，不要勉强凑合。夜间起床时，不能立刻看手机，以免刺激眼睛。

（5）阅读或是上网、看电视的时间不宜过长，以每 30 分钟休息一次为佳。上网时，眼睛与电脑的最佳距离为 40 ~ 50 厘米，看电视或手机时可以佩戴保护视力的蓝光眼镜或是贴蓝光手机膜。把电脑或手机的背景调为绿色，以保持眼睛的舒适度。

（6）多做户外运动。经常眺望远方和看绿色植物，有利于放松眼肌。随时随地做眼保健操，有利于眼睛健康。做眼保健操时，

「保护眼睛」

手要洗干净，避免感染。

（7）营养摄取要均衡。不挑食，多吃些有益于眼睛的食物，特别要多吃蔬菜和水果（猕猴桃、柠檬、卷心菜、胡萝卜等）。此外，平时还可以用枸杞、菊花泡水喝，能达到清心明目的效果。

（8）眼睛也需要保湿。常听到的一句“男儿有泪不轻弹”，这并不能诠释坚强的全部含义。从眼睛健康的角度来说，眼泪在某种程度上可以缓解眼干的症状。从心理学角度来说，哭泣可以排解、释放部分负面情绪，避免压抑。

（9）定期检查视力。戴眼镜或隐形眼镜的少年，要适时取摘，摘下眼镜后，可以把两手掌心搓热，轻轻捂住眼部或是用温水把毛巾浸湿搭放在眼睛处，给眼睛放松休息的机会。当视力不正常或是佩戴眼镜感觉不舒服时，都需要做进一步检查，早发现、早治疗。

（10）预防感染。特别提醒男生们，暑期是“红眼病”的高发时段，很多男生都喜欢在天气炎热时去游泳，开心、健康两不误，但必须要到正规的游泳池中游泳，上岸后用清水及时冲洗眼睛，避免使用公共浴巾、毛巾，勤洗手，注意用眼卫生。“红眼病”为传染性眼病，要在特殊时间段加强防护。

（11）迷眼时要当心。男生们外出活动时容易迷眼，异物进入眼内很难受，要特别当心眼睛卫生，不能用不干净的手、手绢、纸擦眼，以免发生感染。

（12）预防外伤。眼睛最娇贵，稍微不注意，就容易受到伤害。所以，平时应格外注意，不要被石头、树枝、铁棍、小刀等坚硬物件划伤。

（13）洗发液要保证质量。洗头时，如果不注意，便很容易让洗发液流进眼睛内，要使用质量好的洗发液，冲洗动作要轻，加强对眼睛的防护，避免刺激。

除遗传因素外，很多男生近视都与疲劳用眼有直接的关系，所以，科学用眼非常重要，能减少或避免近视的发生。

2. 耳朵

耳朵是人们接受声波、维持身体平衡与识别位置的器官。无声的世界里虽然安静，可人们却无法聆听美妙的音乐，无法倾听朋友的知心话，无法和外界交流沟通，甚至无法保持自己的平衡、正确判断自己的方位……

小稼今年15岁了，上初中三年级。离中考的日子越来越近，小稼却病了。他经常耳痛、耳鸣，还有液体从耳朵里流出，上课听不清楚老师的讲解，以致落下了部分功课。

老师建议家长带他去医院检查，医生诊断为急性中耳炎。原来，近一个月以来，小稼经常掏耳朵，在学校用手掏，回家就用挖耳勺、火柴棍或牙签掏。由于掏耳太频繁、太用力，便造成了耳道壁的损伤。加之面临中考，小稼的心理压力太大，每当遇到难题时，他就不断地掏耳朵，而且很用力。

医生嘱咐他不能再随意掏耳朵了，要认真用药，配合治疗。经过一周的治疗，小稼恢复了健康，又能以积极的心态“备战”中考了。

（1）适当的音量。尽量不用或少用“随身听”，要选择质量佳、杂音小、音量可调控的耳机，务必控制好音乐的声音，以感觉舒适悦耳为宜。戴耳机的时间不应过长，这一点很重要。

（2）不挖耳朵。俗话说：“耳朵不挖不聋。”这话确实有一定的道理。其实，耳朵完全不用掏，因为它本身有一种自洁的功能，分泌物会自然脱落到耳外，因此建议大家不要经常掏耳朵。

（3）预防爆炸性伤害与噪声性耳聋。遇重大节日或重大活动时，应远离或避免燃放大型烟花爆竹，在噪声强的环境中，要及时佩戴耳罩，或捂住耳朵，或捂嘴进行保护。

（4）掌握正确擤鼻涕的方法。鼻涕如果流到耳朵里，也容易引起耳朵的疾病。擤鼻涕时，可用手指按住一侧的鼻孔，分次运气，压力不宜过大，一侧擤完，再擤另一侧。捏紧双鼻，用力猛擤是不正确的，因为这样有可能把鼻涕擤到中耳里去。

（5）科学饮食。平时多吃一些富含维生素的食品，如胡萝卜、菠萝、花生、大豆、南瓜、牛奶、鸡蛋等。

（6）对听力有害的药物尽量避免使用。有些药物有损听力，使用时，要遵照医嘱，不能擅自使用，严禁长期使用，以免造成听力减退，甚至发生药物性耳聋。

（7）科学取出耳道里的异物。春夏季小虫多，当虫子进入耳朵后，不要用挖耳勺或棉棒去掏，以免使小虫子使劲挣扎钻进耳道深处。正确的方法是：将耳朵朝向有光亮的地方，或用手电筒往耳朵里照，小虫就朝着亮光飞出来了。也可以往进入虫子的耳朵内滴入食用油或甘油，然后头向下侧成90度，使外耳道垂直向下，等小虫随油流出后再擦干耳朵。如果以上方法都无效，请立即就医。

掏耳朵掏出血一般是毛细血管出血，不要惊慌。如果感到非常疼痛，有可能是掏到鼓膜造成了鼓膜穿孔，这时务必当心，要防止耳朵进水，尽快到医院就诊。

3. 鼻子

鼻子是人体五官中唯一立体突出的器官，但似乎男生们对鼻子的“关照”和重视程度远远没有对眼睛那么用心。

7岁的多多是个虎头虎脑的一年级男孩，他活泼可爱，老师、同学们都喜欢他。周一早晨，他没有到校上课。原来，平日里爸妈忙于工作，没有时间做好吃的饭菜，周日爸爸给多多做了油炸小黄花鱼、油烹腰花、人参鸡汤、驴肉火烧等，好长时间没有吃到自己的“最爱”了，多多这回可是吃了个够。

周一早晨，妈妈叫多多起床时，发现他的枕头上有几处血迹，吓得赶紧带他去了医院。医生检查后，发现多多的鼻孔里没有病变，一切正常。医生认真询问了多多的饮食，了解了多多的饮食情况后，严肃地说："流鼻血的病因是补多啦，大补的食物吃多了。以后还是粗茶淡饭吧，别乱吃了。"

（1）避免意外伤害。据统计，各种外伤是引起鼻子流血最多的原因，头面部的意外伤害（被球砸中、玩耍磕碰、肢体碰撞等）和不良的挖鼻孔习惯也会导致鼻腔内的血管损伤出血。所以，男生们平时活动时，要处处小心，精心保护鼻子的安全。

（2）加强身体锻炼，增强免疫力。病毒性感冒具有传染性，很容易导致鼻炎的发生。一旦由感冒转为鼻炎，就很难根治。平时多锻炼身体，感冒后及时治疗是有效防止鼻炎与鼻出血的方法。

（3）进食科学，营养均衡。大补的食物"火"大，如油炸鱼、麻油鸡、人参鸡汤、羊肉、驴肉火烧等，都含有特殊的营养物质，会使全身血管扩张，如果鼻子的血管正好破裂或搓揉鼻子，就可能会导致鼻腔出血。

（4）防止吸入异物。平时玩耍时，不能随意往鼻孔里吸东西，避免堵塞呼吸道，造成严重后果。

（5）拒绝烟酒。男生们正处在长身体的关键阶段，吸烟对人体的危害大，特别是对呼吸道的伤害更大，务必要远离香烟。男生也不能饮酒，过量饮酒对身体的危害更大，容易导致鼻子出血。

人活一口气，没有了气，生命就结束了。鼻子是呼吸道的最前沿，呼吸系统的第一道防线就是鼻子，所以保护好鼻子，对于生命健康非常重要。

4. 牙齿

常听长辈们念叨“牙疼不是病，疼起来真要命”。“牙齿好，则胃口好、吃饭香，身体棒”。可见，牙齿的健康，对于身体健康是多么重要啊！

小学六年级的林瑞最近牙疼得厉害，影响了吃饭。妈妈带他去医院检查，医生了解情况后，说林瑞牙疼的主要原因是口腔不卫生，平时不爱刷牙，饮食习惯不好，偏爱吃糖，引发了牙根发炎，以后要每天早晚刷牙，饭后漱口，务必坚持下去，养成习惯。

（1）保持良好的口腔卫生，纠正不良习惯。平时最好不要单侧咀嚼，更不能养成咬铅笔、咬手指等不良习惯。

（2）温水刷牙。刷牙前，最好用35℃的温水浸泡挤上牙膏的刷头1～3分钟，这样可以使刷毛变得柔软，减少刷毛对牙齿的磨损。

（3）牙膏每月更换一款品牌、种类。牙膏使用的时间越久，细菌越多。最好自己的牙膏自己单用，避免交叉感染。

（4）牙刷每三个月换一支。当牙刷刷毛开始向外卷曲时，就应该更换牙刷了。即使不卷曲，也要更换了。购买牙刷要到正规的商场，质量要好，不能凑合。

（5）饭后刷牙。为了防止细菌滋生，饭后要即刻刷牙，每次刷牙的时间不少于1分钟，避免细菌在牙齿表面沉积。

（6）喝饮料最好用吸管。口腔细菌与发酵碳水化合物接触的时间越短，细菌产生的可能性就越小。喝起来不太甜的苏打水和运动饮料对牙釉的损害程度也不小。用吸管时，饮料就不会流经牙齿，滞留在牙的缝隙中滋生细菌了。所以，用吸管喝饮料对牙齿有一定的保护作用。

（7）远离软、甜、酸的食品。平时尽量少吃甜、酸与碳酸型的食物，食用后，最好用温盐水或淡茶水漱口。

（8）避免咬硬物。牙齿的硬度是有限的，吃东西时，食物不宜太坚硬。平时，绝对不能用牙齿“开启”汽水瓶盖，不能咬核桃壳、杏核、榛子等坚果。

（9）及时看医生。发现牙龈出血，要认真观察牙齿与口腔情况，如果是因为刷牙用力、刷头过硬、牙龈炎等原因造成的出血，则不必害怕。适当调整或是在医生的指导下，吃些消炎药，很快就能解决出血问题。但如果是经常性出血，男生们就不能忽视了，必须及早看医生。此外，如有牙齿畸形、牙齿拥挤的情况发生，应及时去医院矫治。

青春期内分泌水平会产生较大的改变，容易造成口腔营养失衡，是牙周病，特别是牙龈炎发生的高危期。

5. 舌头

男生们知道吗？人类全身上下最强韧有力的肌肉就是舌头。舌头是人类说话的重要器官，帮助人们品尝、咀嚼、吞咽食物，也是帮助发声的器官之一。舌表面大部分是味蕾，帮人们辨别酸甜、苦、辣、咸。

安安7岁了，是个虎头虎脑的男孩，他平时最爱吃肉。鸡、鸭、牛、鱼……只要是肉，他都不拒绝。可是，一年级新学期不久，他就不怎么有食欲了。妈妈以为他不适应学校的新生活，有些上“火”，也没太在意。

一天吃饭时，安安不小心咬到了舌头，疼得直掉眼泪。妈妈让他伸出舌头看看伤口，意外地发现安安舌头上有些小红点。到医院询问后才知道，这是由于安安平时蔬菜、水果吃得太少，维生素摄入量不足，再加上新环境不适应，喝水少，导致了“上火”，所以舌头上才出现了小红点，如果不及时治疗，可能会转为溃疡，到时就更难受了。医生嘱咐他要多吃蔬菜，多喝水，做到荤素搭配。

（1）均衡营养，改变偏食的不良习惯。男生的身体发育快，各个部位都在快速生长，对营养的需求量很大。喜欢吃肉的男生不在少数，但要学会科学饮食。尽量少吃腌制、烧烤、油炸类的食品，吃荤时，应该按照比例搭配新鲜的蔬菜，饭后可以喝杯淡茶或吃些水果等。有资料证实，营养失衡容易导致舌溃疡。

（2）避免刺激性及过冷、过热的食物。经常吃过冷、过热的食物和刺激性强的食物，不仅会破坏舌面的味蕾，影响味觉神经，降低灵敏度，还会损害舌头表面的黏膜与细胞，容易发生溃疡或烫伤。

（3）细嚼慢咽，多动动舌头。吃饭时，要细嚼慢咽，不说笑，集中精力，以免咬了舌头。舌头的各个部位都与内脏各部位相对应，多动动舌头可以加强内脏功能，有益于消化系统。动舌头不受环境、场地、时间的影响，随时随地伸缩舌头 10 次，有规律地让舌头上下左右转圈，方法是：闭嘴，舌头在口腔内上下、左右各转动 60 次，等等。

（4）不做危险游戏。舌头非常娇嫩，不能伸舌头舔结冰的铁丝、冰挂等，以免发生瞬间粘连；不能随意伸舌头亲小动物，以免被小动物咬伤；不能用舌头接空中坠落的小物件；不能随意伸舌头舔不明物体；不能对吃饭、喝水的同学搞“突然袭击”，以免同学受到惊吓，伤了舌头。

（5）及时看医生。发现舌头上的舌苔增厚和舌头上长了小疙瘩时，不能随意刮、扎，要及时告诉家长，及早去医院看医生，正确治疗。

舌的疾病大多是小毛病，不必紧张，但有些毛病持续超过10天，就应该去医院检查，切不可凭自己主观的想法或以往的“经验”，让小病酿成大病。

6. 喉咙

喉咙是人们进食、呼吸、发声的重要器官，它的作用重大，是生命存在的特殊“通道”，需要精心保护，切不能麻痹大意。这一点，男生们要格外当心。

初中二年级的小轩正在学校食堂吃晚饭，突然感觉被鱼刺卡住了。他想起姥姥说过，卡了鱼刺后，大口咽馒头就能把鱼刺带下去。于是，已经吃了三个馒头的他，把同学来不及吃的馒头“抢”了过来。迅速掰开，大口吞咽。

同学们看着他的狼狈相，都被逗乐了。几口下去，小轩感觉好多了。但第二天醒来，他发现自己的喉咙很疼，不敢吞咽唾液。便赶紧找到校医，校医用手电仔细照了照他的喉咙，发现鱼刺扎进了食管里，立刻带他去了正规医院治疗，医生说差一点就扎破了血管，非常危险。然后，给他的喉咙喷了麻药，取出了坚硬的鱼刺。

校医严肃地说："吞咽馒头的做法不可取，如果感觉喉咙痛，说明鱼刺扎的部位深，最好到医院治疗。"

（1）养成喝温开水的习惯。平时咽喉的使用频率很高，呼吸需要、吃饭需要、说话需要等，所以，需要休息与养护，经常保持喉咙湿润是一种有效的保护方法。无论在家，还是在学校，都应该经常喝温开水，这样有利于保护嗓子。不能喝太热的水，以免烫伤喉咙周围的黏膜，引发炎症。

（2）用嗓不能过度。每个人的发声都有自己的特点（嗓音的高低、粗细等），正确认识并接纳自己的声音特质，避免超过本人能力范围用嗓。不要随意模仿歌手的嗓音，特别是不能随意模仿高音与颤音。一般情况下，歌手们都是通过专业的培训和练习调整喉结与声带的发音机能，才练出了既准确又美好的音色。男生们不要盲目模仿，以免损坏了发音机能。

（3）改变生活中的不良习惯。良好的生活习惯是保证喉咙健康的关键，日常生活中，应远离烟、酒，少吃辛辣食物，细嚼慢咽，不能狼吞虎咽，不能吞咽坚硬的食物。

（4）预防感冒，注意休息。平时应加强锻炼，预防感冒。因为，一旦感冒，就会出现喉咙红肿、沙哑、咳嗽等症状，应多喝白开水，吃清淡食品，认真按照医嘱吃药，尽早康复。

（5）控制情绪。平时保持平稳状态，遇到任何事情，都不要大喊大叫，更不能号叫。特别是已经进入青春期的男生们，更要学会控制情绪，保护好自己的喉咙。

男生有喉结，喉结大而突出，是性发育的第二特征。所以，男生在对待自己的喉结明显与否，音量大小，音调粗细的问题上要有正确的认识。

7. 手

手是人体重要的部位，劳动需要手、吃饭需要手、学习需要手，一切的一切都离不开手。所以，男生们要保护好手，不要随意伤害手。

小博酷爱打篮球，升初中后学习有些紧张，但他总在中午挤出时间和同学相约到操场上玩一会儿。

今天的球打得很精彩，因为又有几个新球友加入。大家你来我往，他拦我投，很是尽兴。眼看一局将结束时，队友从远处将球传给小博，他奋力去接，突然感觉手指被球戳了一下，为了胜利，哪还管那么多。球进筐了，小博他们胜出。

下午第一节课，小博觉得右手无名指有些肿胀，无法回弯，一看手指肿了。他赶紧找老师联系父母去医院。拍片后，医生说是骨折了，马上给他做了同指型的石膏模型套上了。

小博只能听课不能写字了，一个月后，摘掉了石膏模型。医生说年龄小，恢复得快。并嘱咐小博以后要注意保护手，尽量避免受伤。

（1）注意手的卫生。手接触的东西多，容易被细菌、病毒污染，容易沾染污渍，所以，要养成勤洗手的好习惯。勤洗手好处多多，一能有效防止病从口入；二能保持手的干净与清洁；三能给人留下美好的印象。洗手时，最好用流动的水清洗，使用质量好的、刺激性小的肥皂或洗手液，洗后要及时用毛巾擦干。

（2）管好双手，处处小心。手的用处多，要管住双手，不能乱摸、乱拿、乱动，更不能逞能伸手做冒险的事。使用刀具时，要集中精力，专心一点，不能分心，以免伤了手。倒开水时，要注意保持距离，以免被烫伤。用火时，要注意安全，不能被烧伤。使用锤子时，要小心谨慎，以防砸了手指。

（3）防冻伤。冬天天气寒冷，外出时，要戴好手套，注意双手的保暖。如果感觉手冰凉，是因为温度低，血液循环不良导致的，可以用温水泡手。

（4）手部异常，常与疾病有关，要及时查明原因，不容忽视。如果感觉双手异常，特别是清晨醒来，两手发胀、屈伸不利，这预示着你的心、肾、肝、血管、神经系统可能有疾患，要及早去医院治疗。如果感觉双手经常麻木，可能是患有高血压病。如果感觉有经常性的双手颤抖，则有可能是得了甲状腺功能亢进。另外，服药过量，也可能会出现手颤的现象。

（5）经常按摩。中医认为：手部经络穴位丰富，刺激手的某些穴位，可以调整相应组织器官的功能，起到防病治病、强身健体的作用。

（6）护手小窍门。喝完的酸奶盒中一般会残存一部分酸奶，将这些酸奶涂在手上，20 分钟后，用温水洗净，对于手的皮肤很有保护作用，经济又实惠。

男生也要保养好自己的手，不能只是使用，不去维护。劳动时、使用刀具时、进行体育活动时，应特别当心。

8. 脚

你们知道吗？人的每只脚上有 26 块骨头，33 个关节，20 条大小不同的肌肉和 114 条坚强的韧带，无数灵敏的神经和丰富的血管。我们的足底存在着几乎所有内脏器官的反射区，所以脚被称为人的“第二心脏”，需要特别的关照，不能只是使用，不知道爱护。

3 年级的学生小涵已经两天没有到校上课了，“罪魁祸首”竟是鞋子。原来，妈妈同事家有个比小涵大 1 岁的哥哥，由于哥哥长得快，好多衣服、鞋子穿不了多久就小了，正好小涵可以穿。

前几天，妈妈拿来一双哥哥“淘汰”的九成新的旅游鞋。天蓝色的鞋帮配上白色底边，正是小涵喜欢的颜色和款式。妈妈让他试鞋的时候，也许是太喜欢了，他竟没有感觉到挤脚。小涵每天不管去哪儿，都舍不得脱下这双鞋。周日和爸妈去郊区踏青，在湖光春色中走了大半天。回到家，小涵觉得脚很疼，脱鞋一看，发现脚底起了个大水泡。爸爸帮他把水泡挑开，告诉他晾一宿就好了。

周一，小涵又穿上了喜欢的鞋，参加体育锻炼……几天下来，磨出泡的地方开始化脓，无法行走。到了医院，医生建议先输液治疗，因为感染严重。

医生告诉小涵，脚是不能在鞋里“受委屈”的。于是小涵决定“忍痛割爱”，换了一双合适的鞋。

(1) 多走动。步行是最好的锻炼方式，有助于肌肉放松，促进血液循环，将营养物质源源不断地输送到身体的各个部位。平时，男生们住的大多是楼房，上下楼乘电梯较为普遍，可以有意识地不坐电梯，坚持爬楼梯，这样既不耽误时间，又能锻炼身体，还能保持双脚的灵活性与健康发育。

(2) 注意保暖。季节交替时，做好脚的保暖工作，能预防脚部疾病的发生。常听老人说：“只要脚暖和，浑身都不冷。”这是有一定道理的。男生们要学会爱护自己，根据季节，选择吸湿性好、透气性好的棉、毛袜子。

(3) 勤洗脚。平时运动多，脚最卖力气，也最容易出汗，应当保持脚部清洁，天天用热水洗脚，洗脚后，要及时擦干。一是能避免臭脚；二是能预防脚癣发生；三是缓解疲劳，改善睡眠。

(4) 注意脚部卫生。外出时，如果要在外面住宿、洗澡，不要用公共场所的毛巾、拖鞋、脸盆等，防止传染病。平时在家也要与父母的洗脚巾、拖鞋、洗脚盆分开，避免交叉感染。在学校时，不要与同学互相换鞋袜，不要使用同学的洗脚盆。

(5) 选择合适的鞋子。穿上鞋后，以脚趾能活动，脚尖前端有空隙为佳。鞋带的松紧也要适度。鞋子的大小直接影响到脚的舒适度。过大或过小的鞋，运动时都很不方便，长时间穿着不合适的鞋，会影响脚的发育，造成骨骼变形。为了脚的健康发育，应该根据不同的用途选择鞋子。例如，参加体育比赛，一般选择专业性强的跑鞋、运动鞋等；出门旅游，一般选择旅游鞋、布鞋等；登山，最好选择登山鞋或旅游鞋，绝对不能穿凉（拖）鞋登山。试穿新鞋时，最好在晚上试穿。

(6) 防止意外伤害。活动要小心，集中精力观察，注意脚下情况，以防被石头、铁钉扎伤；不能乱蹦、乱跳、乱踩踏，以免扭伤脚踝。

脚踝扭伤时，不能立刻站起来，更不能使受伤的脚用力，要用单脚或匍匐姿势到安全地点查看。最好是冷敷，或外用跌打损伤药处理伤情，然后及时就医。

9. 关节

骨与骨之间连接的地方称为关节。能活动的叫活动关节，不能活动的叫不动关节。人体的关节多种多样，基本结构有关节面、关节囊和关节腔。

9 岁的淘淘暑假期间迷上了滑板。爸爸看他这么着迷，便给他报了滑板培训班，有了专业老师的指导，淘淘的滑板水平很有长进。

每次训练回来后，淘淘还叫上小伙伴们在家附近继续滑，时不时给大家展示一下新学会的小花样，跳跃、旋转、扭身、下蹲……暑假即将结束时，淘淘的膝盖有些肿，疼得走不了路，妈妈赶紧带他到医院检查，原来是因为过度运动导致了滑膜炎。这回淘淘只有乖乖养病了，他后悔自己太“疯狂”了。

（1）注意走路姿势。长时间保持同一种姿势走路，会加大对关节的磨损，或形成“一边倾”的习惯。所以，应该经常变换走路姿势，注意有意识地矫正，能使关节受力均匀，减少伤害。

（2）选择适合自己的自行车。男生喜欢骑自行车，骑自行车时，要调整好车座的高低，保证能伸直小腿，否则会对膝关节造成不良影响。骑自行车的时间不宜过长，以 30 分钟为宜，超过 30 分钟，应适当休息。

（3）锻炼合理，避免伤害关节。本着“休息关节，锻炼肌肉”的原则，适时、适度地进行体育锻炼，掌握好锻炼的强度，量力而练。进行剧烈运动前，应提前做好热身运动，避免关节扭伤。不能逞能蹦跳，以防关节因用力过猛出现扭伤。

（4）注意保暖，养成良好的生活习惯。关节最怕受潮和受凉，阴雨、潮湿、寒冷的季节，要注意衣服的增减变化，避免寒湿侵入体内。夜间睡觉时盖好被子。如果关节反复疼痛，或遇阴天下雨就疼痛，不要忍着，应及早到医院检查。

（5）保持正常体重。肥胖会加重关节的负担，加速关节的磨损和老化。要注意饮食，科学运动，保持正常的体重。

关节是保证人们运动的最重要的部位，要精心保护，一是加强营养，以保证关节生长需要的营养物质；二是科学使用，防止过度疲劳；三是注意外伤，小心谨慎。

10. 脊椎

男生知道吗？脊椎不仅仅是根骨头，还包括周围的肌肉、韧带、椎间盘、椎管内的脊髓。打个比方：人的脊椎骨好比是钢筋，脊椎骨周围的肌肉、韧带、神经、筋膜等就是混凝土，它们的组合，共同浇筑了身体这座大厦的顶梁柱，需要精心呵护，不能有一点差错。

小学五年级的小洪喜欢做游戏，他最爱与同学们“闹着玩”。一天，大家在打扫卫生，一个同学站在椅子上擦玻璃，他悄悄走到这个同学的背后，大喊一声“有壁虎”，吓得同学紧张起来，身体摇晃着，摔下椅

子，腰扭了一下，无法站立，被老师送往医院。

医生说同学的脊柱扭伤了，神经也损坏了，可能无法站立了。小洪知道后十分后悔自己的无知与鲁莽。

（1）不做危险动作、不逞能、不乱开玩笑。男生要注意保护自己，平时不能逞能做危险的动作，更不能模仿电视、电影、游戏里的高难、危险动作。如果颈椎有问题，要慎做倒立动作。看见有同学站在椅子、桌子、窗台上时，不能惊扰对方，以免发生意外。

（2）科学用枕。根据自己身体的高度、肩膀宽度，让家长为自己选择一个合适的枕头。具体要求是：枕头的高低选择要适中，以头平放在枕头上面，肩正好轻压床垫为佳。枕头的内芯要有一定的承受力与弹性，不能过软，也不能过硬。

（3）坐姿很重要。平时上课、写作业时，要保持正确的坐姿，避免弓腰、含胸、前后倾斜。桌椅的高度要适当。坐公共汽车、地铁时，不要睡觉，要保持上身端正，不能斜靠着，要抓牢安全“把手”。看电视时，保持正确坐姿，不能躺着，或半卧着。

（4）多锻炼，运动量适中。学校有条件的话，可以在体育老师的指导下，进行单、双杠练习，可以练习瑜伽，游泳也是不错的选择。平时，可以自觉、认真地坚持做好广播体操，保证脊椎的休息与血液循环。

（5）合理饮食，加强营养。男生正是长身体的时候，要多吃营养丰富的食物，促进脊椎发育。平时，要适当接受日照，增加钙的摄取和吸收。

（6）避免用猛力。起身时要缓慢一点，不能猛起；搬重物时，要缓慢用力，不能逞能使劲；提拿重物时，要双手均摊，不能单手提拿；坐公共汽车时，要集中精力站稳、坐稳，防止急刹车身体失控；背包时，最好选择双肩包。如果喜欢单肩包，则要经常两边换着背。

脊椎的主要连接部位——椎间盘中的神经分布很少，所以，人们对脊椎位移的感觉比较迟钝，要引起重视，认真保护脊椎，以防发生意外伤害。

11. 肛门

生活中说到肛门，男生们往往难以启齿，然而它却是人体机能的一个非常重要的组成部分，在中医学里，肛门又称“魄门”。魄与粕同音，即传送糟粕的意思。肛门有三个作用：排遗，释放出人体中的废气；排移，排泄出人体中的废物；门控，阻止肠内物不自主地溢出体外，同时阻止外界的气体、液体等异物进入肠腔。

寒假期间，高一的小鹏为了外出旅游，天天坐在家里突击写作业。一天早上，他去卫生间方便时，发现肛门处长了一块小肉，坐久了就疼，而且还经常便秘，有异物感，

特别难受，连写作业都集中不了注意力。

妈妈带他去医院，医生诊断是痔疮。医生告诉他，不能总坐着，要适当运动，多喝水，多做广播体操。

（1）养成每天排一次大便的习惯。最好是在早上排便，排便时，要集中注意力，不要读书、看报、玩手机，不要与同学或家人说话。每次排便时间控制在5~10分钟。

（2）保持肛门的清洁。便后，要认真擦拭干净肛门，或用水冲洗干净，以免粪便残留。每天晚上用温水清洗一次肛门，不要使用强碱性肥皂。

（3）科学饮食。平时，多吃含纤维的食物（新鲜蔬菜、水果、粗粮等），不吃或少吃辛辣刺激性的食品。每天早晨养成空腹喝温开水或淡盐水的习惯，有利于促进肠道蠕动，可起到润滑作用，缓解便秘。

（4）加强身体锻炼。运动能促进新陈代谢，加速血液循环，预防痔疮的发生。男生学习紧张，作业多，应科学利用时间，避免久坐、久蹲、久站，要经常变换身体姿势。

（5）自我保健。平时，可以有意识地收缩肛门，促进肛门周围的血液循环，保持肛门周围肌肉的弹性。收缩肛门运动是自我保健肛门的好方法，需要长期坚持，不能“三天打鱼，两天晒网”。

民间有“十人九痔”的说法，可见肛门处易患的疾病是痔疮。只要平时多注意肛门的清洁卫生，每天进行肛门的自我保健（收缩肛门 60 次），一般是不会发生痔疮的。

12. 皮肤

男生知道吗？皮肤是身体的器官之一，主要承担保护身体、排汗、感觉冷热和压力的功能。它覆盖全身，使体内各种组织和器官免受物理性、机械性、化学性、病原微生物性的侵袭，是人体的第一道防线，需要倍加珍惜。

11 岁的小曦年龄不大，却受皮炎之苦已有五年了。五年前的夏天，他的右小腿有个红色的小疙瘩，当时感觉是被蚊子叮了，有些痒，便没有在意。等到冬天的时候，被叮咬的地方开始发硬，掉皮屑，每天都痒，而且面积越来越大。

医院确诊为湿疹皮炎，之后的几年里，小曦随父母跑遍了市里的大小医院，买了外用的、内服的各类中西药，虽然有所缓解，但是依然不能根治。影响了正常的学习，无法与同学们玩耍，这让小曦非常苦恼。

（1）科学饮食。荤素搭配，多吃新鲜蔬菜、水果，多喝白开水，少吃辛辣食物。过量食用辛辣食物，可能会导致脾胃功能紊乱，脸上容易长出小疱，皮肤容易过敏起疙瘩。

（2）清洁皮肤要彻底。经常在室外活动，空气中粉尘多、各种有害物质多，男生的脸上出汗多、油脂多，空气中的有害物质与脸上的油脂、汗液混合后，清洗不及时、不彻底，便容易堵塞毛孔，引起皮肤发炎。同时，这也是脸上色素、色斑形成的原因之一。

（3）防日晒、雨淋。男生们怕晒是不是太娇气了呢？不是。其实，阳光中过量紫外线对皮肤的伤害很大，皮肤容易产生不适感，引起一些红斑、皮屑。夏天的太阳最“毒辣”，男生对自己裸露的皮肤也要认真进行防晒处理。夏天，如果长时间在外活动，应该穿长袖衬衣，戴大檐遮阳帽，晚上用冷毛巾敷脸等，都可以减缓紫外线对皮肤的伤害。下雨时，如果被雨淋湿了，应该及时清洗干净。

（4）保持良好的心态，不熬夜。其实，皮肤也会说话，有时男生受到过度惊吓，会出一身冷汗，或起鸡皮疙瘩。有时熬夜了，皮肤就会暗淡无光，这就是情绪、睡眠与精神对皮肤最直接的影响。所以，男生要学会调控自己的情绪，不熬夜，保证足够的睡眠，在学习之余，抓时间小憩一会儿，深呼吸，学会放松。

（5）远离空调。长期吹空调会让皮肤缺水，导致皮肤老化，产生干裂。应远离空调，不能直接吹冷风，保持室内合适的温度与湿度。

（6）做好电磁防护措施。长期在电脑、电视、手机等家用电器环境下，皮肤会发生变化。因此，男生们应自觉远离电脑、电视、手机，尽量给电脑加上防护罩。

（7）避免蚊虫叮咬。蚊虫叮咬不仅会诱发疾病，而且受到最直接伤害的就是皮肤。细嫩的皮肤被蚊虫叮咬后，会红肿、起疙瘩、发痒，如果不注意的话，一旦被抓破，便很容易感染。所以，平时要预防蚊虫，夜间睡觉使用蚊帐或蚊香。

（8）定期消毒。衣服、被褥经常拿到外面晒一晒，贴身的衣裤、被褥、枕巾等经常清洗，要拿到露天的地方晒 20 分钟，可以去除螨虫等细菌，避免湿疹、皮炎等皮肤病的发生。

（9）细心保护。皮肤很娇嫩，需要加倍保护。如避免刀具划伤、扎伤；远离酸碱物质，避免腐蚀；使用火与开水时，防止烧伤与烫伤。皮肤一旦有了外伤，应正确处置，千万不能麻痹大意。

青春期由于性激素水平、皮脂腺大量分泌等因素会形成“青春痘”，有 80% ~90% 的男生会有“青春痘”，青春期后，往往能自行减退或痊愈。“青春痘”切不可用手挤，要保持乐观心态，保持皮肤卫生，少吃辛辣油腻的食品。

13. 头发

男生知道吗？头发是人体的重要组成部分，自婴儿出生起就伴随着头发的生长与发育。头发还是皮肤的附属物，对人的生活有十分重要的作用。男生如果有一头亮丽乌黑的头发，在众人面前亮相时，就会给人一种潇洒、飘逸、朝气的感觉。

最近，12岁的小栋经常头疼，他觉得是放寒假自己每天贪玩、睡觉晚引起的，并没有在意。爸爸不放心，带他去医院检查，医生仔细询问了情况，给小栋做了各种检查，找到了小栋经常头疼的原因。

原来，小栋每天洗两次头，晚上洗头后，有时候等不到头发干就休息了。长此以往，便造成了他经常性的头痛。其实，频繁洗头，不等头发干就睡觉不仅会引起头痛，而且也会伤害发质、头皮，造成头发软、发黄等现象。这回小栋明白了，原来洗头还有这么多学问呢，以后不能乱洗头了。

（1）坚决不烫发和染发。男生处于学习阶段，一定要遵守学校的规定，不能随意烫发、染发，以防头发干枯、毛糙，失去光泽。

（2）防潮湿。洗完头发后，要及时擦干，不要湿着头发睡觉。湿着头发睡觉，不仅对头发不好，而且容易引起头痛。

（3）温度适中。使用吹风机吹头发时，温度要适中，温度过高，头发会干燥、枯黄，没有光泽，甚至会损伤头发根部。

（4）头发每周清洗两次即可，频率太高，容易破坏发质。如果每天运动出汗，可以随时清洗头发。洗发液要少用，而且质量要有保证。

（5）多吃营养丰富的食物。如多吃鸡蛋、牛奶、瘦肉、豆类、鱼类、黑芝麻、麦片、花生、香蕉、蜂蜜及动物肝脏等，保证每天有足够量的新鲜蔬菜、水果，以提供发质所必需的微量元素。

（6）保证睡眠。其实，头发与睡眠也有关系，睡眠不好，头发往往也不好，要保证足够的睡眠，不熬夜，睡眠充足了，五脏平衡了，正气充盈了，头发自然就好了。

头发的生长速度是每个月 1～2 厘米，1 年 10～20 厘米，生长周期为 3～6 年，之后就会脱落。过半年左右，又会长出新的头发。成千上万根头发包裹着头颅，自然形成头部的第一防线。浓密、健康、清洁的头发，能使头部免受外界机械性和细菌的损害与侵入，对健康起着重要的作用。

14. 遗精

遗精是青春期男生经常出现的生理现象，不要紧张，更不要心事重重，也不要认为是见不得人的坏事，这属于正常的、自然的、必须要面对的生理现象。

男生们要通过正规渠道了解、学习相关生理卫生知识，正确对待自己身体的生长发育，健康、正确地对待遗精问题。

小清今年 14 岁，刚刚从老家的学校转学到市区住宿学校。本来他很快适应了环境，只是有件事情让他难以启齿。到新学校后，他偶尔会在晨起时发现自己的内裤、被子、褥子是湿的，还有一股难闻的气味。由于急着上早自习，他也来不及换一条干爽的内裤。这几天，他发现自己的龟头有些红，因为和同学们还不是很熟悉，也不好意思问别人。于是，他给老爸拨通电话“求救”。

爸爸告诉他内裤、被子、褥子潮湿是遗精造成的，是青春期的正常现象。只是每次要换洗湿内裤，晾晒被褥。如果阴茎长时间在潮湿的环境里，便会引起龟头发炎红肿。如果包皮里的污垢多了，还会引起炎症，发出难闻的异味。平时，要注意生殖器的清洁卫生，放松心情，不要紧张，转移注意力。

听了老爸的话，小清心里踏实多了，每天晚上，他都认真清洗阴茎，换内裤，开心地学习、锻炼身体，遗精的次数似乎也少了。

（1）正确对待遗精。男生到了青春期，可以主动向父母、卫生老师、医生请教相关的青春期知识，认真了解遗精问题，不要心事重重，疑神疑鬼，更不要担心遗精会伤元气。

（2）生活、学习有规律。男生们学习紧张，平时要安排丰富多彩的室外活动，体育锻炼能明显改善遗精现象。要学会转移注意力，不要总想着遗精的事，更不能“手淫”。

（3）合理饮食。平时不能偏食，更不要吃过于“补”的食物，不吃或少吃辛辣食物。

（4）注意个人卫生。睡觉的时候不穿紧身内裤，避免仰卧；洗澡时，要注意阴茎的清洁，特别是要把包皮里的污物洗干净。内裤选择透气性好的纯棉内裤，不能过紧。遗精后，及时洗干净阴茎、龟头，认真处理被污染的物品，及时晾晒被褥，更换床单等。

（5）主动看医生。遗精属于正常的生理现象，没有什么可怕的。但也不能掉以轻心，每周一两次遗精属于正常现象，如果每天都遗精，或遇到“刺激”就频繁遗精，则应该去医院看医生。

遗精是青春期正常的现象，要保持良好心态，正确认识、对待生理发育。一定要通过正规渠道了解相关性知识，多向父亲或学校的卫生老师请教。

15. 生殖器官

男生知道吗？男性生殖系统包括：睾丸、附睾、阴囊、输精管、精囊、前列腺及阴茎等。随着年龄的增长，特别是进入青春期以后，男生的生殖器官发育迅速，逐渐进入性成熟期，阴茎的勃起与射精产生的快感，会给男生带来兴奋，但也会给一些男生增添烦恼与痛苦。男生要了解生理卫生知识，做到心中有数。

小山12岁了，即将小学毕业。由于吃得好，身体发育快，他早已进入了“青春期”，经常悄悄地玩性游戏。

一天晚上，他看了淫秽的漫画，控制不住自己的欲望，便用手抓阴茎、阴囊，由于用力过大，造成阴茎与阴囊的软组织损伤。医生说可能会影响以后正常的生育，他的心灵受到了沉重的打击。

（1）保持阴部的清洁卫生。男生们要养成一个好习惯，每天晚上睡觉前，要认真清洗阴茎与阴囊。冲洗时，使用流动的水，最好不要使用肥皂或洗液，应把龟头的包皮翻起来，里外全冲干净，最后用干净的毛巾擦干。

（2）坚持小便前洗手。由于阴茎长期处于潮湿、温暖的环境中，最容易被感染，小便前，务必要认真洗手，以防手上的细菌沾染到阴茎上，引发感染。

（3）减少刺激。平时，不看带有刺激性的画报、漫画、电视与电影节目，不想与性有关系的事与人，避免随意性的阴茎勃起。

（4）不伤害性器官。平时，不随意玩弄性器官，绝对不把性器官当成玩具，更不能随意拽、拉、抓、捆绑、套阴茎与阴囊。

（5）及早进行包皮手术。如果发现自己的包皮过长，应该向家长说明情况，主动去医院进行包皮手术。

（6）认真保护。由于男性特殊的生理结构，阴茎、阴囊是露在体外的，很容易受到伤害，一旦不小心，遇到外力碰撞、击打，便会受伤，后果严重。所以，不宜长时间骑自行车，以防阴茎与阴囊长时间受到压迫。不宜成为打闹的重点部位，与同学嬉戏、闹着玩时，手脚要远离男生的阴茎与阴囊。

(7) 克制自己，减少手淫。手淫次数太频繁，会造成支配性活动的神经系统疲劳，心理也可能会出现异常的反应，严重时，会导致性功能下降，或者结婚以后性生活不和谐。

男生要消除对性器官的神秘感，正确认识性器官，重视性器官的卫生，排除各种性干扰，拒绝不健康的性活动。

二、与人交往

1. “讹诈”的人与事

生活中，男生们总会遇到形形色色的人，关爱会让男生们倍感温暖，友谊会让男生不再孤寂，但是，男生们有没有思考过在美好的背后，会遇到不友善的人呢？会不会遇到心术不正的人呢？会不会遇到坏人呢？万一遇到了，你们会怎么对待呢？

中午放学回家，13岁的佳佳有些着急。因为今天老师布置的作业多，他想快点回家吃饭，然后赶回学校写作业。在路口等绿灯时，一辆汽车飞快地开过来，看到红灯时，汽车来了个急刹，由于惯性正好停到佳佳的自行车轮边，吓得佳佳出了一身冷汗。还好没有撞到自己。正在庆幸时，司机走下车来查看，气愤地说佳佳的自行车剐蹭了他的车门。佳佳一看车门处，还真的有一道刮痕，有些“蒙圈”了。

司机气势汹汹地要佳佳掏钱赔偿，佳佳觉得委屈，真是有口难辩了，正要掏钱时，他忽然想起了老师讲的安全课——面对“讹诈”怎么办？于是，他冷静下来，越想越不对劲，拿出电话，拨打了110报警。司机看见佳佳打电话报警，立刻上车，加油“开溜”了。

（1）冷静是关键，保证人身安全最重要。男生在外面活动时，无论遇到任何形式的“讹诈”，都不能慌乱，要保持冷静，学会分析问题。分析问题时，应该前后对比分析，找出蛛丝马迹。记住：务必要保证自身安全，同时留心观察四周的情况，尽可能寻找外援和目击证人的帮助。

（2）无论事情的状态如何，都不要激化矛盾。当确定是被“讹诈”时，给自己勇气与自信，千万别被“讹诈”人的虚张声势镇住，也不能被“讹诈”人的歪理忽悠，要保持警惕性。

（3）找警察帮助最安全、最可靠。遇到被“讹诈”的事情后，要在人身安全有保证的情况下第一时间报警，如果条件允许还可以保留录音、视频，作为证据。

（4）立刻通知家长或老师，不要自己“扛着”。家长和老师是“保护伞”，要及时通知家长和老师，把事情的来龙去脉说明白，不要怕老师批评，也不要怕家长生气，因为家长和老师不但不会批评你、不生气，反而还会表扬你有自我保护意识，及时报告情况。

“讹诈”的人一般都会做贼心虚，不要轻易掉入“讹诈”人设好的圈套中，最好的办法是让周围更多的人知道你遇到了麻烦。其实，坏人最怕人多。

2. 算命的人与事

长大以后，回头看自己的人生轨迹、过程与结果，如何走？怎样走？这不是算术题，而是通过积极努力，自己可以掌控的、可以改变的人生命题。男生务必要记住：成功没有捷径，只有勤奋加刻苦。

9岁的小阳上小学三年级，奶奶特别迷信，做什么事情都讲究风水运气。一次，小阳住在奶奶家感冒发烧，吃了两天药仍不见好转。

奶奶着急了，悄悄地请来“算命人”算一算，“算命人”掐着指头，神秘地说是奶奶家的宠物狗冲撞了小阳。让奶奶把狗关三天、饿两天就能让小阳退烧。

奶奶听了“算命人”的话后，把宠物狗关了起来，小阳心里特别难过，因为他和宠物狗是最好的朋友。为此，他夜间悄悄地掉眼泪。三天后，小阳的普通感冒不但没有好，反而更严重了，转为肺炎，住院输了几天液才好。

（1）树立正确的人生观、价值观、世界观。男生正值人生最关键的时候，需要树立远大的人生目标，要有为民族、为国家、为社会做贡献的强烈意识，朝着正确的道路走，不要被“算命人”的“八卦”所困扰。

（2）用科学和辩证的观点来看待问题，遇事要有自己的主见。遇到各种困难与问题，要开动脑筋寻找办法，而不是求助“算命人”，相信办法总比困难多。

(3) 多学、多看、多观察，留意生活中的变化，掌握事物的普遍发展规律。俗话说：“开卷有益。”平时，男生要多学习科学文化知识，提高明辨是非的能力，积累的经验多了，有主见了，也就不会轻易相信“算命人”的话了。

(4) 用积极正向的心态面对生活中的不如意，学点心理学知识。遇到不顺心的事，不要往“歪处”想，要学会调整心态，乐观面对。

(5) 敢于批评。发现身边的亲人热衷于算命，应该当面指出其错误，引导亲人走出算命的误区，加强自身学习，不向命运低头。

现实生活中，做任何事情都需要付出，没有天上掉馅饼的事。所以请远离“算命人”，踏实学习，因为成功没有捷径。

3. 劝我吸烟的人

吸烟有害健康，可“明知故吸”的男生也是有的。大多数男生坚决拒绝香烟，但是被动吸烟也很无奈。很多男生根本不沾烟的边，但是有时也逃不掉“二手烟”的困扰。

随着年龄的增长，如果有人让你吸烟，你该如何拒绝呢？如果遇到“二手烟”的袭扰，你知道该怎么办吗？

小广上初中，离开家庭，开始了住宿生活。新的学习环境、新的老师与同学，一切都让他充满了好奇。

一天晚自习，同桌小周身体不舒服留在了宿舍，因为平时两人相处不错，在休息的间隙，小广跑回宿舍去看小周，发现宿舍的窗户开着，走进宿舍一看，小周正在偷偷吸烟呢！小周见小广回来，便建议他也来根烟。

小广从没有吸过烟，也知道爸爸因为吸烟肺不好而戒烟好多年了。他不想吸，但小周却说吸一次不会上瘾，没什么的，再说男生哪有不吸烟的呢！小广正要接烟，忽然想到了一句广告词——吸烟有害健康。他立刻摆手拒绝，马上跑回了教室读书，同时把小周吸烟的事情告诉了老师。老师严厉批评了小周，小周认识到了自己的错误，下决心戒烟。

（1）认识烟草的危害，坚决拒绝吸烟。平时加强学习，多了解吸烟对身体的危害，想到吸烟就想起黑色的肺、气管与牙齿等；想到打火机点烟，就想起室内与森林火灾等，产生厌恶感。时刻牢记与遵循一个原则，无论是谁劝你吸烟，都不能伸手，同时要借机劝说对方不吸烟，给对方讲一讲吸烟的危害。

（2）为了健康，绝对不吸烟。根据测算，一支燃烧的香烟里含有的尼古丁可以毒死一只小白鼠，20 支燃烧的香烟中的尼古丁可以毒死一头牛。烟草燃烧时，会产生很多种有害气体，严重损害呼吸系统。另外，吸烟还会使人的血压上升，呼吸兴奋，心率加快，牙齿变黄变黑。

（3）严格遵守学生守则，做文明好学生。中小学生的年龄不超过18岁，属于未成年人，未成年人绝对不能吸烟。要遵守学校规定，把精力放在学习上，把不吸烟节约的钱用来买有意义的好书、买需要的学习用品，或捐赠给“希望工程”。

（4）要保持头脑清醒，多问一问自己，给你香烟的人的目的是什么呢？是为你好吗？不是！其实是在害你。对于有害身心的行为，不仅要学会拒绝，敢于拒绝，善于拒绝，还要自觉养成不吸烟的好习惯。男生要明白一个道理，现在正处于青春期，身体发育到了关键阶段，务必远离烟草。

（5）躲避“二手烟”，不能被动吸烟。外出时，如果遇到了“二手烟”，要立刻远离吸烟的人，或到吸烟人的上风方向位置。如果是家人吸烟引起的“二手烟”，则要及时制止，建议家人戒掉香烟。如果是同学吸烟引起的“二手烟”，要劝阻同学不能吸烟，同时找机会告诉老师或同学家长。

男生们要深刻认识到吸烟的危害，自觉远离香烟，不吸烟不仅有益于健康，而且也是一种高尚的公共卫生道德的体现。

4. 劝我喝酒的人

酒精对人体有伤害，特别是对男生的危害更大。男生如果沾染了饮酒的坏习惯，经常偷偷喝酒，必然会影响大脑神经系统的健康发育，导致思维迟缓，反应不敏捷，脑子发木、发笨，学习成绩下降。严重时，还会影响将来的生育能力。如果管不住自己的嘴，喝醉了酒，还可能会失去理性，借酒闹事，耍酒疯，甚至会发展到打架斗殴，干扰学校正常的教学秩序。

初三学生张岩的表哥请朋友们吃饭，恰好晚上张岩没有课，表哥便邀请他一起来到预定好的饭店等大家。不一会儿，进来了十几个年轻人，大家围坐在一起说笑喝酒。这时有人提议，每个人都要和张岩喝一杯白酒。张岩说自己是学生不能喝酒，却遭到大家的集体反对。

有人说大家在一起就是热闹热闹，别太认真。喝一次酒不算违规。张岩刚要举杯喝酒，忽然想起了老师说的话，为了健康，别沾染酒精。于是，他灵机一动，着急地说："爸爸找我有事，我先走了。"说完，便立刻离开了酒桌。

（1）了解酒精对身体的危害。酒精对人体的大脑和神经系统伤害最大，可使大脑异常兴奋，或处于麻痹状态，行为失控，导致严重的后果。酒精能使血压升高，增加心血管的负担，容易患心脏病及血管硬化。男生的大脑与神经系统没有发育完善，会导致智力衰退，性格异常。酒精还会刺激胃肠黏膜，降低消化功能。酒精还会毒害男生的精子，长期饮酒，酒精长期侵害人体的生殖器官，将来会影响生育。

（2）不去酒吧等公共饮酒场所。酒吧里人多，情况复杂，容易发生意想不到的事情。男生以学为主，尚未成年，不应进入酒吧，更不能饮酒，以免发生严重后果。

（3）严格要求，参加宴会时不放纵。平时能管住自己，不贪酒，不偷偷地喝酒，更不能酗酒。参加宴会时，无论多么好的酒，都不要伸手；无论谁劝酒，都要拒绝；无论谁提议，都要保持警惕性。

（4）学会劝阻别人不喝酒。遇到亲人劝自己喝酒时，不但自己不喝，还要劝说亲人少喝酒，或戒掉酒。遇到同学劝酒时，要善意提示或严肃批评同学喝酒的行为，甚至可以告诉老师或同学的家长，这才是真正关心同学的成长。

面对美酒，少年男生要保持“距离”，不仅要自己做到不喝，还要劝诫亲人、同学不喝。

5. 劝我看黄色光碟的人

黄色光碟害死人，是把男生推向深渊的“精神毒药”。随着男生的身体发育，性意识的逐渐觉醒，一般在12岁左右就会出现性冲动和对异性的眷念。男生对异性产生神秘感，对性存在好奇，这是正常的生理现象。

由于年龄小，还未成年，生理和心理都不成熟，如果因为好奇、因为冲动、因为别人的引诱，悄悄地看了黄色光碟，往往会

「对“黄、毒”说不」

沉溺其中不能自拔，甚至还会做出犯法的事情来，影响学习，还会毁了一生。所以，男生一定要远离黄色光碟，时刻牢记这是诱惑你走向犯罪的“恶魔”。

15 岁的初中生小费，喜欢看一些老电影。周日下午，难得在家休息半天，他的小学同学给他打来了电话，说有个早年时候的光盘电影看不看？小费来了兴趣，不过同学的问话却引起了他的警觉。因为同学问他的父母在不在家。看个电影怎么还要避讳父母呢？在小费的追问下，同学说从别人那儿得到了一张黄色光盘，他很好奇，想看看什么是内容，刺激不刺激……

听说是黄色光碟，小费立刻想起老师讲的安全教育课，远离黄赌毒，做文明好学生。于是，他立刻给同学讲了利害关系，严肃批评了同学的错误想法，嘱咐同学不要看不健康的黄色光碟，要立刻毁掉。同学意识到了自己的错误，毁掉了黄色光碟。

（1）严格遵守学校的规定，多参加学校组织的法制教育活动，管住自己的眼睛，坚决不看黄色光碟，把精力放在学习上，多读有益的书，多做有益的事，多参加有意义的社会公益活动，时刻保持警惕性。

（2）交友要谨慎，不能与看黄色光碟的同学交往，要与思想进步，爱学习、爱劳动、讲卫生、讲文明的同学交往。

(3) 树立正确的人生观、价值观，主动寻找模范人物，自觉学习英雄人物的成长历程，从模范与英雄人物身上找到做人的道理，知道什么是丑，什么是荣；知道什么可以做，什么不可以做。

(4) 多参加有意义的学校和社会活动，丰富自己的业余爱好。学校有一些课外兴趣组，有精力的话，可以根据自己的兴趣、爱好主动参加，与同学共同参与有意义的课外活动。

(5) 敢于举报。无论是发现亲人看黄色光碟，还是发现同学看黄色光碟，都要敢于制止，甚至可以去举报。因为这是对亲人的爱护，对同学的帮助与挽救。

黄色光碟的诱惑大、陷阱深，对男生的身心健康损害大，男生们要坚决做到不购买、不观看、不传播，更不能聚在一起看。

6. 劝我打麻将的人

男生遇到过这样的事情吗？也许是家人聚会，也许是同学生日，也许是街头巷尾的邻居，有时候为了打发时间会聚在一起打打麻将，这时“三缺一”有没有叫上你呢？劝说你和他们玩几局呢？你能巧妙地拒绝吗？

假期，为了体验勤工俭学的生活，积累社会经验，初二年级的学生小霖和几个同学一起到快餐店打工，工作任务是发传单。

每人每天都有固定的发放区域，多劳多得。虽然楼上楼下挨家挨户地发传单很辛苦，但是日结工资的好处就是每天都有收入，累并快乐着。

一天，大家像往常一样到公司集合，老板通知今天因为车辆故障暂时取消发传单。没事干的几个人搓起了麻将，小霖不会打，被他们劝说着，最终也在一起打了起来。打了一会儿，几个人竟然“赌钱”，因为出牌的事情，大家闹起了矛盾，互相打了起来，小霖受了伤，不得不去医院治疗，弄得他一个假期都很郁闷。

（1）牢记学习是主要的事。男生应该以学为主，平时要刻苦学习，钻研文化知识。无论假期还是周末，都不能被“三缺一”的劝说误导，要多参加有益于身心的社会活动。

（2）远离麻将，遵守校规。男生要自觉遵守校规校纪，遇到劝自己打麻将的事情，要坚决拒绝，洁身自好，提高警惕性，不仅自己不打麻将，还要劝说同学不打麻将。

（3）有法制观念，有原则。无论在什么情况下，都绝对不能参与赌博行为，即便数额小，也不能参加。遇到聚众赌博的人群，要绕道走开，不围观、不凑热闹。

打麻将有时候是亲朋好友之间的娱乐活动，遇到劝说“三缺一”的情况时，要以学习、写作业、读书为借口躲开。

7. 主动送东西的陌生人

平时，男生们经常看见亲朋好友之间互送礼物的情景，这是因为彼此间需要通过这种形式来表达情感，礼尚往来。可是，当一个陌生人主动送你东西的时候，你敢要吗？是否考虑过有没有危险呢？要多留心，不能麻痹大意。记住“贪小便宜吃大亏”的谚语。

13 岁的小俊喜欢看书，周日的下午，他和同学约好去图书馆借书。到了约好的时间，同学还没到，他便在图书馆门口的阴凉处等着。这时，快速走过来一个中年男人，手里拿着几本书，微笑着来到小俊身边，说书是免费送给他的，要他回家再看。

听说是免费送的书，小俊准备接过来。此时，同学来了，示意他不要拿。进了图书馆，同学说这个人经常在这里以同样的方式送书，书的内容很不健康，充斥着迷信与淫秽的内容，万万不能要。听了同学的话，小俊有些后怕。

（1）学会保护自己。男生去了陌生环境中，遇到陌生人，特别是遇到主动送东西的陌生人时，要保持警惕性。不贪小便宜，不能接受任何东西，以免上了圈套，后悔不及。

（2）保持头脑清醒。遇到热情的陌生人接近自己，甚至送东西给自己，不能被眼前的假象迷惑，也不能好奇地接受东西，不能心存侥幸，认为不会发生什么意外，而应找借口拒绝，远离陌生人。因为陌生人的底细你不知道，陌生人送东西的目的你不知道，陌生人有没有传染病你不知道，万一东西上有病菌呢？万一东西里藏有危险的物品呢？

（3）保持安全距离。遇到陌生人送东西时，如果情况突然，与陌生人的距离比较近，要立刻退到安全距离，仔细观察，及早发现蛛丝马迹。不要轻信陌生人的花言巧语，要有自己的主见。

（4）及时报警，或报告家长、老师，或呼喊过路人。如果被送东西的陌生人纠缠，不要紧张，不能被送东西的陌生人要挟住，要机智灵活，发现附近有警察时，要立刻呼喊警察，寻求帮助，或立刻打报警电话，或给家长、老师打电话，切实保证安全。如果情况紧急，可以呼喊路过的行人，说明情况，导求帮助，随时做好脱身的准备。

陌生的环境和人，会有很多的不确定性因素，平时要多看一些普法类的书籍和节目，加强防范意识，增强辨别好坏是非的能力。

8. 以各种借口劝我请客的人

同学之间的友谊和礼尚往来需要用什么来衡量呢？面对同学以各种理由提出的请客要求，你会以怎样的方式答应或拒绝呢？

初中二年级的小冉人缘好，朋友多，同学们都愿意与他交往。今天，他知道同学飞飞的生日快到了，正当他盘算着送什么小礼物给飞飞最有意义时，飞飞打来电话，要小冉去门口的小饭馆吃饭，自己请客。飞飞的意思是到了初中后，很久没有和小学同学联系了，正好可以借这个机会与同学们在一起聚聚。

小冉明白了飞飞的意思后，认真地解释说："吃喝下肚，食物变成废物就没了，不如我送你喜欢的小礼物吧，这样既节约又有纪念意义。再说，初中生去饭馆庆祝生日也不合适，因为自己不挣钱，是浪费父母的钱。"

听了小冉的话，飞飞知道错了，表示会简单过生日。生日那天，飞飞和大家约好在 QQ 群里视频庆贺，互相鼓励、互相祝福、互相学习，过了一个有意义的"电子生日"。

（1）委婉拒绝，珍惜父母的钱财，不要"大手大脚"。现在有极少数男生沾染了社会上的习气，动不动就劝人请客，遇到这样让别人请客的同学，不要顾忌面子，该拒绝就拒绝，不能摆阔

气，更不能为了面子“大手大脚”。同学们要知道一个最真实的道理，你们花的每一分钱，都是父母劳动的汗水钱，来之不易。

(2) 根据情况，灵活对待。别人劝你请客，肯定有理由，如别人帮你了，特殊的日子别人看望你等，此时，你应该灵活对待，也不能太“抠门”，可以根据情况，给帮助你的人买点雪糕、糖果、汽水、水果、瓜子、花生、饼干等小食品，不能大吃大喝，量力而行。

(3) 多问一问。遇到反复纠缠、要你请客的人，不要太纠结，可以征求父母的意见，也可以向老师说明情况，把为什么对方非要你请客的事情说明白，听听家长与老师的建议，请他们帮忙出主意。

(4) 友谊第一，敬而远之。如果遇到个别同学不理解你拒绝请客的理由，不要与同学“闹僵”了，而应积极与同学沟通交流，取得同学的理解最重要。如果同学还是不理解，只好敬而远之，适当保持点距离。

学会拒绝也是一门学问，一句话百样说，任何一件事情或问题，都不止一种解决办法，要开拓思路，要机智灵活。

9. 朋友介绍的新朋友

朋友既可以分享你的喜悦，也可以分担你的忧愁。平时，同学们之间谈论着友情，歌颂着友情，追求着友情，从友谊中品味着幸福和愉悦，也汲取着营养。事实上，没有几个男生不渴望有几个真正的好朋友。

14 岁的小源认识了新同学华子，华子学习好，只是有一点不好——说脏话。小源不喜欢，感觉华子有种“江湖气”。

晚自习时，华子告诉小源想把自己以前在一起玩的“哥们儿”介绍给小源。他说这个“哥们儿”进入社会早，懂得的人情世故也多，建议小源多结识这样的朋友。可是，小源打心眼儿里不愿意和这样的人交朋友。但是又碍于华子的面子，一时自己也不知道该怎么办。

晚上休息时，小源忽然想起了老师的话，学生要以学习为主，不要随意与社会上的人交往。于是，小源拒绝了华子。

（1）把握好交朋友的大方向。交友要以共同的远大理想和追求作为基础，朋友既能帮人，也能害人。交朋友要交思想品德好、爱学习、有礼貌、遵纪守法、讲诚信、敢于担当、有责任的人，不能交吃吃喝喝、吹吹拍拍、撒谎成性的人。

（2）保持一个度。朋友的朋友一般情况比较复杂，很少知根知底，其家庭情况怎样？是不是有传染病呢？所以，一定要谨慎小心。不能与朋友的朋友“自来熟”，而应该学会观察、了解，通过逐渐的交往，逐渐看清朋友的朋友的秉性，再决定是否交这样的朋友。

（3）心中有一个底线。无论朋友的朋友是什么样的人，心中都要有一个基本原则——不能耽误自己的学习，不能把自己带坏，这是最根本的大事。男生应该以学习为主，不应分散精力去广交朋友。

（4）注意安全。朋友的朋友不确定的因素多，所以，在平时的交往中，该说的说，不该说的要保密。朋友介绍你认识新朋友，要保持基本的礼节礼貌，不卑不亢，不要什么都告诉新朋友，要适当保留点秘密，特别是家里的秘密。保留秘密不是不真诚，而是防范。

（5）要学会说“不”。认识朋友的朋友后，考察过关，符合你心中的标准了，就可以交往了，坚持以学习为主的交往，互相沟通、交流、促进，相互信任，不能过于疑虑。交朋友往往就像照镜子，你真诚了，朋友自然也就真诚了。如果考察没有过关，则可以逐渐淡出，也可以找借口，委婉拒绝与其交往。

与朋友的朋友交往，要谨慎，不能放松警惕，不能不考虑后果，必要时可咨询父母与老师，问问能不能交朋友的朋友。

10. 对不熟悉的人如何说话

在我们生活的社会中有很多可以信任的人，也有不可以随便信任的人。与不熟悉的人交往，要多留个心眼，说话要小心，以防泄密或落入其设计的圈套中。

8岁的楠楠今年上二年级，因为家离学校很近，所以奶奶没空的时候就自己上下学。一天早晨，同学的家长送孩子到校后，看到楠楠跟在一个陌生男人后边走。同学家长主动和楠楠说话，发现楠楠精神恍惚，也不搭理人，看着楠楠背着书包走过了学校，同学家长觉得不对劲。便赶紧跑到楠楠家告诉了爷爷、奶奶，眼看着楠楠要走过马路了，爷爷追了上去，一把抱住孩子，大声呼喊楠楠。

楠楠在爷爷的怀里大哭，平静后，楠楠告诉爷爷，上学路上，一个叔叔说在小区里见过他，问他学校有多远，还给他巧克力吃，并让他带路。楠楠听说叔叔见过自己，便放松了警惕，吃了叔叔给的巧克力后，就感到大脑迷糊了……

（1）沉着冷静，安全第一，从容应对，保持安全距离。男生在外面活动时，遇到不熟悉的人或事，或需要你帮助，应引起警觉，不能“有求必应”，要保持镇定，与不熟悉的人保持一定的安全距离，最好不要有身体接触。

（2）不贪嘴，不贪利，不贪名，坚决抵制各种诱惑。如果有不熟悉的人说认识你，或说住在一个小区，或说认识你父母等的话，或其他花言巧语，夸赞你、表扬你、“忽悠”你，都不能轻信，要有自己的主见与判断力，确保人身安全，不吃、不喝，不要接受不熟悉的人给的任何东西。

（3）睁大眼睛，提高防欺骗能力的本领。骗子无论怎么伪装都是骗子，要从以下三点进行观察：一是看对方的眼神是否真诚，看对方的着装是否得体，看对方随身携带的物品是否有异常。二是听对方的语言是否合乎常理，听对方的口音是当地人还是外地人。三是看对方的表情，如果表情紧张，看有没有人为的伪装迹象，或故意掩盖什么，等等。然后，进行综合判断，得出结论。

（4）及时告诉家长、老师，或向路人呼喊。与不熟悉的人相遇，说话时务必要有所保留，不能全掏“一片心”。如果发现不熟悉的人问这个、问那个，甚至有动手动脚的行为，举止、言谈、形迹可疑的话，可以打电话告诉家长或老师，情况紧急时，可以向路人呼救，也可以打 110 求救。

（5）果断说“不”，拒绝对方不合理的要求。少年男生的能力有限，本身还是未成年人，不能帮别人做超出自己力所能及的事，可以果断拒绝对方的问话、请求事项等。

判断一个人的好坏，切不可凭借他的外表或是一些行动，不能被迷惑，要学会独自思考，学会辨别是非，多实践，才能积累更多的社会经验。

11. 说话的学问

说话不是一件简单的事，而是一门高超的艺术，“一辈子”也学不完。不同的时间、不同的地点、不同的人，男生说话要讲究分寸，声音的大小，语速的缓急，言语的轻重，是不是需要保密，是不是影响了别人，都要仔细考虑，不能随心所欲。记住：路边说话，草坑有人偷听。

图书馆里，大家正在认真地看书，这时就听见一个七八岁的男孩打电话，边哭边和妈妈喊：“就不、就不……你们说话不算数、不算数……”

图书馆里安静的读书氛围一下子就变成了“哭闹现场”，究竟男孩为什么这么激动地说话呢？原来，7 岁的小跃正因为妈妈不能及时接他回家而大发脾气呢！旁边的大姐姐一边安慰，一边提醒小跃要注意公共场所的环境氛围，尊重大家的感受，不能影响大家读书，这是公共场所。

听了大姐姐的话，小跃忽然意识到了自己的错误，急忙低头认错，表情羞愧，关掉了手机。

（1）做一个有修养的人。“修养”一词不是随便一说的，而是要具体做好的。言语能反映出男生的基本修养，平时要注意文明用语，特别是在公共场所活动时，更要自觉遵守有关规定，保持安静。

（2）遵守保密规则，不要无意中泄露“秘密”。男生往往缺乏保密常识，容易在外面乱说话，如家长不在家了，家长住院了，家长出差了，家住在哪里，几点接自己，自己在哪个学校、哪个年级、哪个班上学、老师的姓名等，无意中暴露了自己的秘密，给不法之人以可乘之机。

(3) 注意当地的风俗习惯。少年男生无论在学校，还是外出活动时，进入某个地方后，遇到当地的任何人，都应该自觉遵守当地的风俗习惯，忌讳的话不说，忌讳的事不做，以免引起误会与纠纷。

(4) 及时告诉家长，防患于未然。如果在外面说了不该说的话，泄露了家庭、学校和老师的“机密”，可以及时告诉家长和老师，提醒他们注意，从而更好地保护自己与家人的安全。

男生在公共场所说话，要注意安全与保密。一要防止被别人偷听；二要考虑别人的感受，不要打扰别人，要学会换位思考问题。

12. 去朋友家玩

放学后，到同学家里写作业是很正常的事，同学们聚在某个同学家里，一起研究作业里的难题，回忆老师课堂上讲的内容，背诵古诗、算数公式，一起读书，一起放松娱乐，一起分担忧愁，共享美好时光，让同学们不再感到孤独与寂寞，对于增强同学们的友谊，促进孩子们健康成长很有益。

小伟14岁了，下学后应同学邀请到同学家里玩。写完作业后，两个人玩起了电脑游戏，正玩得尽兴时，电脑“死机”了。小伟建议看看主机里的显卡散热器是不是坏了。因为他家的电脑遇到这样的问题时，他就把显卡散热器拆下来，认真擦干净，冷却一会儿，就好了。

同学说自己从来没有拆过电脑，小伟觉得自己有经验，就动手拆卸了同学家的电脑。谁知，拆卸完毕后，却怎么也装不上显卡散热器了。原来，同学家电脑里的显卡散热器和主机是一体的，不能拆卸，小伟傻眼了，既害怕，又紧张。

好在双方家长进行了沟通，由小伟爸爸照价赔偿，并负责重新购买新的显卡，恢复了电脑的正常工作。看着爸爸赔钱、搭工夫的样子，小伟真正吸取了教训，不断告诉自己不能随便“动”别人家的东西。

（1）注意自己的言谈举止，礼貌问候。无论是去朋友家玩，还是去同学家，都应该注意个人卫生，讲礼貌、讲文明，主动向朋友或同学家长问好，进门要稳重，不能毛毛躁躁的。

（2）必须尊重主人家的习惯，不涉及主人家的隐私。在朋友家或同学家玩，最好预先问问有无忌讳，以免发生不愉快。看见新鲜物件时，不能随意翻动，特别是贵重物品更不能随意摸、随意动。要知道尊重主人家的各种习惯，如饮食、语言、服装等。

(3) 听主人家的要求，遇事征求主人的意见。主人家如果对你提出特殊的要求，应该认真遵守。主人家送东西吃时，要讲文明，不贪求，不争抢。如果主人家有宠物，不要随意逗着玩。

(4) 不隐瞒，如实说明情况。在别人家玩时，如果发生了意外，千万不要撒谎隐瞒，要如实向对方说明情况，问题严重时，还要主动向自己的家长说明情况。

男生去朋友家玩，要自尊、自爱，有明确的界限，管好自己的手、脚、嘴，做到不属于自己的东西不随意触动，不该问的事不问，不该说的话不说。

13. 远离性游戏

性游戏也许是年幼好奇，也许是别有用心，但不论是怎样的初衷，男生们都要学会拒绝。面对无理的、花样翻新的性游戏，一定要说“不”，绝对不能逆来顺受，或参与其中。

7 岁的东东是一年级新生，虽然是个男孩子，可是他长长的睫毛忽闪忽闪的，特别讨姐姐们的喜欢。一天，隔壁家的姐姐招呼东东到她家里玩，东东和妈妈打了招呼，高兴地来到姐姐家。姐姐把他叫到屋子里，神秘地关上门，给了东东很多喜欢吃的东西。

看着东东吃东西，姐姐微笑着说：“东东，吃完东西，我们来做个游戏好不好?”

东东喜欢玩游戏，很期待。姐姐说：“你闭上眼睛，脱掉裤子，看看你和女孩有什么不同呢?”说完，姐姐就准备脱东东的裤子。

东东记得妈妈说过自己的身体除医生之外，不能随便让别人看。他下意识地不让姐姐脱裤子，开门跑回了家。

（1）性游戏害人不浅，容易使人精神涣散，甚至沉溺于其中，最终伤害身体，腐蚀心灵，男生应该认识到性游戏的危害，远离以任何形式出现的性游戏。

（2）提高警惕，擦亮眼睛，坚决拒绝别人提出的无理的性游戏要求。遇到朋友、同学提出玩性游戏活动，一要严肃拒绝；二要想方设法离开；三要保持冷静、克制自己的行为，不能有“尝试一次没事”的念头。

（3）告诉家长或老师。遇到同学或朋友提出玩性游戏，或已经被迫玩了性游戏，不要忍受，而应该及时告诉家长、老师，帮助你处理这件事。以后，要远离这样的同学和朋友，集中精力学习。

（4）拓展知识，打破对性的神秘感。男生正值青春期，有了朦胧的性意识，不要偷偷摸摸地看关于性方面的书籍，更不要紧张，应该通过家长、学校的卫生老师，正规地了解健康的性知识。

坚决杜绝性游戏，严肃表明自己的态度和立场，必要时可立即向家长、老师说明情况，寻求他们的帮助，把危害降到最低。

14. 朋友给我的“快乐糖”

“快乐糖”是一种隐含的毒品，它们被制成五颜六色、形状可爱的“糖果”，经常以糖豆的身份出现，让男生们很是喜欢，一旦上瘾，就会在麻痹中丧失防范性，导致严重后果的发生。

14 岁的小彭爱踢足球，暑假的一天，他和一群年轻的社会“足球”朋友踢完足球，出现在一家“黑”KTV 里。舞厅里灯光闪烁，人头攒动。跳过一曲之后，小彭回到座位上休息。这时有一个神秘的人送来了糖，五颜六色，形状可爱。有个“球友”拿了几块，热情地递给小彭，让他尝尝，并神秘地告诉小彭这是“快乐糖”，吃过之后，舞姿会更销魂，怎么跳都不会觉得累。

小彭奇怪了，心想：舞厅里为什么会有这种小孩喜欢吃的“快乐糖”呢？还有那个“球友”的神秘眼神……

忽然，小彭的脑海中出现了电视里法制节目的片段——毒品。他倒吸了一口冷气，找了个借口，迅速离开了这个是非之地。

（1）坚决守住底线。毒品对人体的危害严重，不仅能损害人的神经系统，使人出现幻觉、麻痹状态，还能损伤人的脏腑器官，影响到生长发育。所以，应提高警惕，守住底线，认识毒品的危害性，管住自己的好奇心，不接受朋友给的以任何包装形式出现的毒品。

（2）学习第一，多参加学校组织的社会公益活动。男生正处于学习的年龄，学习是第一要务，在好好学习的同时，可以积极参加学校组织的社会公益活动，多体验生活，锻炼自己，做一个全面发展的好学生。

（3）结交朋友要谨慎。少年男生涉世未深，想问题简单，容易被江湖义气蒙蔽，在结交朋友时，要了解对方的人品，坚决不与沾染毒品的人来往。

（4）健康的娱乐活动。平时，严格管理自己的行为，不要随意出入“黑”歌舞厅，也不能进入其他不适合未成年人进入的娱乐场所。

（5）及时报告家长、老师、警察。男生在特殊的场所遇到有人给你“快乐糖”，在拒绝的同时，还要保证在安全的前提下，告诉家长、老师或警察，以防毒品蔓延。

男生面对“快乐糖”的诱惑，要提高警惕，保护好自己的安全，不要好奇，更不能寻求刺激，也绝不能有“尝试一次没有事”的想法。

15. 患了传染病的朋友

传染性疾病一旦流行，扩散迅速，危害极大。要预防传染病，就需要了解传染病的病因、症状、传播途径及预防办法，掌握科学的防治知识，切实保证身体健康。

初二（1）班的小强和小伟是在学校寄宿的学生，俩人在宿舍里是最要好的室友。在学习上互相帮助，在生活中也是如此。小强对小伟特别照顾，这不仅因为小伟的体质弱，还因为小伟是单亲家庭的孩子。所以，小强经常把自己的衣服送给小伟穿，经常给小伟买吃的。有时，俩人互相用一个洗脚盆洗脚，袜子、鞋也换着穿。不知什么时候，小伟觉得脚趾又疼又痒，他掰开脚趾头一看，发现皮肤溃烂，还流黄水，特别痒痒。

没过两天，小强也出现了这样的情况，大家开玩笑说他俩好到“同病相怜”了。原来，小伟得了脚气，两个人经常共用洗脚盆，互相穿鞋袜，导致了交叉感染。

医生嘱咐他们要注意个人卫生，分开用洗脚盆，不能互换袜子、鞋穿。

（1）及早治疗。发现朋友得了传染病，担心被传染的话，不要惊慌，一要及时劝朋友去正规医院就诊，做到早发现、早诊断、早治疗、早康

复。二要向家长或老师说明情况，问问自己怎么办，是不是也需要去医院看医生，进行预防性的检查与治疗。

（2）被传染上疾病后的注意事项。如果自己被朋友传染了疾病，要立即和老师、家长联系，最好听医生的建议，或进行住院隔离治疗，或在家休息治疗，最好不出门、不串门、不与别人接触，以免传染给其他人。

（3）保持室内空气流通，经常消毒。如果在家休息养病，每天除按时吃药外，还要经常开窗通风换气，保持室内空气的新鲜。

民间室内简易消毒的偏方：在室内进行食醋熏蒸，能有效地消毒灭菌。在室内点燃艾草、菖蒲，冒出的烟也有除瘟的作用。

（4）注意个人卫生。知道朋友得了传染病后，要更加注意个人卫生，平时用肥皂、流水反复洗手，防止交叉传染。避免近距离接触，最好不握手、不拥抱、不吃患者的食物，保持安全距离。平时的餐具，应餐餐消毒，食具也不要与患有传染病的朋友共用。独自住一个房间时，要经常打扫卫生，清除垃圾，多喝白开水、多通风，注意锻炼身体，增强体质。

与患有传染病的同学接触后，要保持理性，根据传染病的性质、特点，在医生的指导下，采取相关的防控措施。

16. 说喜欢我的女生

男女学生之间互有好感是正常现象，对此不要羞愧，不要认为是“下流”的事，这也是接受自己身体变化，接受自己成长、感悟、经验、探索、实践、创造和总结“青春期”的过程。喜欢无罪，但人要有自知之明。

男生要知道一个最简单的道理，没有哪个女生喜欢吊儿郎当、不求上进、不讲文明、不讲卫生的男生。

小勇的爸爸和彤彤的爸爸是同学，现在他俩也是初中二年级的同学。由于他们的父亲关系好，俩人在学校相互帮助，走得也比较近。

一天，彤彤送给小勇一张卡片。小勇回到家悄悄打开看，惊呆了，原来是彤彤提出想做自己的女朋友。小勇很冷静，委婉地拒绝了，表示愿意像从前一样两人相互帮助，保持正常的同学关系。

(1) 客观、理性地看待同学间的感情和友谊。知道女生喜欢自己，说明自己的某些方面优秀，要保持优点，不要骄傲。不要想入非非，也不要自我感觉良好，要用一种平常的心对待女生，既不要生硬地拒绝，也不要陷入“情网”，要摆正同学友谊的关系与定位，专心学习。

(2) 在生活学习中，注意自己的言行，把握分寸，尊重女生。在学校里，男女生接触的时间很多，男生与喜欢自己的女生接触时，要大大方方，不能有羞愧感。要注意为女生保密，不能到处散布女生喜欢自己的“八卦”。

(3) 喜欢并不代表爱。爱的方式和含义很广泛，如长辈的关爱，朋友的友爱，老师的厚爱等，不能说女生喜欢你，就是与你谈恋爱，恋爱可不是一句简单的“喜欢”二字就能代替的。

(4) 保护女生，绝不越“雷池”一步。男生喜欢女生，往往带有冲动性，由于正值“青春期”，一些少年男生对异性充满着好奇与向往，但男生要有清醒的头脑，无论女生怎样喜欢你，都不能偷吃“禁果”，做出让自己追悔莫及的事情来。

男生请注意，务必要把青春期“萌动”的心控制住，化为一种动力，去奋斗，实现自己的理想，未来才会是幸福的。

17. 单独约我外出的女生

男生们回忆一下，你在浪漫的青春花季里可曾有过编织的梦呢？梦中的你，可曾无数次期待着一份美丽的邂逅，等待着一份情怀的敞开呢？当你的预想成真时，如何转换现实与想象之间的美好呢？这些都是值得思考的问题。

小峰是个帅气、阳光的男孩，虽然才上初二，但他身高已近 1.8 米，还是班里的体育委员。运动场上总能见到他矫健的身影。

周日下午休息时，班里的女同学给他打

来电话，约他一起去看电影。小峰经过了解，是女同学想单独约他一个人看电影。他委婉地告诉女同学，自己下午必须做完老师交代的几件事情，没有时间看电影了。巧妙拒绝，不会伤害到女生的自尊心。

（1）正确、理性地对待女生单独约会的事情。随着年龄的增长，男女生之间会产生朦朦胧胧的好感，如果女生单独约男生外出活动，无论是看电影，还是其他活动，男生都要注意保密，健康、正确地看待这样的事，不能自作多情，也不能冷冰冰地应付。

（2）端正自己的言行，尊重女生。男生在与女生交往时，要行为端正，言谈文明，对待女生要礼让三分，处处尊重女生，不能与女生计较这、计较那，主动吃点亏，更会显得男生有风度。

（3）委婉拒绝，表达明确。女生单独约男生外出时，如果女生说出喜欢你的意思，或有过分的举止行为，男生要保持警惕，委婉拒绝，明确表达不可以早恋，更不能有身体接触，千万不能黏黏糊糊，似是而非，这样会很麻烦。

（4）多参加集体活动，增进同学之间的友谊。建议单独约你外出的女生与同学们一起活动，一起学习，一起进行文体活动，一起进行社会实践活动，在集体活动中，强化同学之间的朴素感情。

拒绝别人也是一种能力和对别人的尊重，懵懂的青春里，有很多未知的事情需要少年男生去探索。喜欢到爱的路程很远，少年男生还没有到爱的阶段，该放则放，该收则收，做好应该做的事情。

18. 要我为她出气的女生

大家都是不错的同学，同学之间应该互相帮助、互相支持、互相学习，不断增进友谊。当关系不错的女生受了欺负或委屈，找到你，要求你为她出气时，你知道该怎么办吗？

初二年级的小春喜欢体育运动，经常锻炼，这让他的身体看起来结实健壮，比同龄人更成熟，他在班里像个大哥一样，热心照顾大家，深受女生的信赖与喜欢。

早自习结束时，班里的女同学——卫生委员找到他，想请小春帮忙教训一下隔壁班的男生。原来，早晨在操场做卫生时，两个班的同学因为卫生区域问题发生了争执，隔壁班的一个男同学骂了卫生委员。卫生委员觉得自己受了委屈，伤心地找到小春出面，想报复一下隔壁班的男生。小春想了想，觉得以这样的方式不但不能化解矛盾，反而会更加激化矛盾，后果严重。他建议卫生委员找班主任说明情况，理性解决问题。

卫生委员冷静后，也觉得以报复的方式解决问题不妥当，主动找老师说明了情况。在班主任的协调下，两个班细化了卫生区域的界线，隔壁班的男生也向卫生委员道了歉。

（1）了解事情的经过，明白是非对错。遇到女生找男生为她出气解决问题时，不能冲动，更不能冒失，要保持理性，调查研究，把事情的经过搞清楚，不要逞一时之能，最后追悔莫及。

（2）保护女生，但不是靠武力。真正的友谊是不让同学犯错误，再好的朋友也要讲理，而不是一味地讲“义气”。女生受了委屈找男生帮助出气，这本身就说明女生对男生不负责任，把男生往火坑里推，这样的事情千万不能干。

（3）理性帮助解决问题，化干戈为玉帛。其实，同学之间能有多大的矛盾呢？都是些鸡毛蒜皮的小事，女生遇到了问题，或与同学有了矛盾，男生不应推波助澜，而应帮助查找问题在哪里，问题是谁的，及时进行批评与自我批评，才是真正的友谊。实在不知道该怎么办时，可以告诉老师，让老师帮助解决问题。

真正的友谊是彼此支持、信任、尊重，是可以担着被骂的风险也要直言相谏的人。互帮互助是值得推荐的品行，但是如果不问青红皂白就盲目帮忙有可能会激化矛盾，充其量叫作“讲义气”。意气用事不值得提倡，会害死人的。

三、网络陷阱

1. "电脑病"

电脑等高科技产品给人们的生活带来了空前的便利，提高了男生的学习效率，拓宽了知识面。但是如果不加控制，长时间玩电脑，会给男生们的身心带来不同程度的伤害。如厌食，恶心，思维迟钝，视力下降，颈椎、胸椎、腰椎疼痛，脊椎变形等，所以，玩电脑要适度，切不可无节制。要做到正确、合理地使用电脑，学会掌控、养护身体、学会调整心态，健康、安全地上网。

初中一年级的小瑞特别喜欢玩电脑，除了天天查看资料解决难题，他还喜欢玩网络游戏，喜欢漫画人物的"打打杀杀"，感觉特别过瘾。

放暑假后，小瑞彻底"解放"了。早上醒来就开玩，中午爸妈不回家，他连饭都不吃，成了顶级"闯关"高手。快开学了，小瑞感觉视物模糊，胳膊经常痒，脾气越来越大，精力无法集中到书本上，妈妈带他来到医院检查，心理医生说这是典型的"电脑病"。长时间玩电脑会成瘾，容易造成偏激、亢奋，容易情绪不稳，眼睛和四肢可能会出现疾病，以后要科学用电脑，注意休息、饮食、放松精神……

「电脑中的病毒」

（1）保持眼睛距显示器的安全距离，把屏幕亮度调整到适宜。坐姿端正，不含腰、不驼背、不歪头。使用电脑每隔1小时，休息5~10分钟，经常做广播体操，或局部按摩，做眼保健操时要认真，养成规律运动、按时运动的好习惯。

（2）预防“鼠标手”。使用鼠标时，由于手腕持续握着鼠标，手臂长时间悬空的话，容易形成“鼠标手”。所以，应该经常活动手腕、手掌、十指，以减轻手腕的压力。

（3）不要在电脑周围摆放杂物。不要在电脑周围放水、饮料、食物，以免造成不必要的意外。使用电脑时，要保持室内空气的流通、新鲜。

（4）合理使用电脑，不能上瘾。使用电脑是正常的事，但不要偷偷摸摸地使用，不要放纵自己的行为，不要没有约束力，要有时间限制，合理使用，以学习为主。

（5）健康第一。一不熬夜；二不连续作战；三不空腹玩电脑；四不饭后立刻玩电脑；五不偏食，要加强营养，保持膳食合理，多吃水果、蔬菜、坚果等。

使用电脑不能上瘾，要知道电脑是把“双刃剑”，既能帮助你，也能伤害你，千万不能掉以轻心。

2. 网友的另外一面

现在网络普及了，男生对网络已经不再陌生，甚至已经离不开网络，但是你们知道吗？虚拟的网络世界里会有形形色色的人出现，他们的出现总会怀有各自的目的，有好人、有坏人，你能区别吗？在众多的网友中，谁才是好人呢？谁才是希望你好的那个人呢？

初二的小航喜欢上网，家里装了网线，他几乎离不开网络了。周末上午，他在自己的 QQ 里看到了一条求救信息，好奇地打开一看，对方自称是小学的一个同学，说在外地参加“夏令营”活动，不小心丢了银行卡，让小航帮个忙，先借他 200 元钱救急。这个小学同学小航是认识的，不过上了初中后，好长时间没有联系了。

开始，小航有些疑虑，就给其他同学打电话求证。结果，不一会儿，同学们都回电话告诉他，那个同学是假的，因为小航认识的小学同学虽然在外地，但是他的 QQ 号被盗了，是不法人员利用了他的头像和号码进行诈骗。

（1）提高警惕，不能冒失。在网上玩时，如果遇到陌生人主动加你为 QQ 好友，一定要三思，想一想安全不安全，有没有必要加，千万不要上当。

（2）不贪小便宜，不要被人“忽悠”了。现在网络上的广告非常多，有一些广告招兼职的、卖降价商品的、提供各种学习用品的……在没有确认其真实性的前提下，要对它们坚决说“不”。

（3）保管好自己的邮箱、QQ 号码，不要泄密。现在邮件“满天飞”，“黑客”也多，一些不法网站为了达到自己不可告人的目的，采取各种方法往别人的邮箱里发邮件，如果男生发现自己的邮箱里收到了一些莫名的信息，特别是里面写着一些很诱人的信息时，千万不要被这些信息所迷惑。可以告诉家长，也可以告诉老师，提高识别网络邮件真假的能力。

（4）把握原则，不能泄露自己、家庭的个人信息。网络里的另外一头什么人都有，不要被另外一头的人的花言巧语所蒙蔽，要把自己的个人信息与家庭信息保管好，不能外泄。另外，邮箱里最好不要储存自己与家庭的重要信息，以免被网络另外一头的不法分子窃取走。

在网络上只要遇到先让你付钱，再教你赚钱的人，肯定就是个骗子，一定不要相信。

3. 色情网站

色情网站，又叫黄色网站。这些不法网站，为了达到吸引“眼球”与商业目的，内容淫秽不堪，没有道德底线，对男生的腐蚀非常大。男生坚决不能被黄色网站“拉下水”，否则后果不堪设想。

一天晚上，初一学生小景在电脑上查学习资料，突然跳出一个链接。上面写着“身体长高的秘密”，小景一直希望自己的个子长快些，这个链接吸引到了他。

他好奇地打开链接，出现了裸露女子的照片。这是什么呀？小景很好奇地自言自语着。因为他很想知道怎样才能快速长高。他点开照片后，又是一个链接，再点就是黄色电影了。小景目瞪口呆，爸爸及时走过来，关闭了链接，告诉他，电脑中随意弹跳出来的链接，要么是广告，要么是非法网站，有的还有可能携带病毒侵入你的电脑，偷窃你的个人信息，或导致电脑瘫痪。这些不正常的链接，不能随意点开。小景听后点头，知道了黄色网站骗人的方法，表示以后不会上当了。

（1）提高警惕，远离黄色网站。使用电脑是正常的事，但要学会保护自己，不要被一些诱人的语言、画面诱惑，对于电脑里任意弹跳出来的任何链接都不要随意打开，以免误入黄色网站。不要下载来路不明的软件，要定期对电脑进行清理查杀。

（2）守住底线，绝对不能被突破。少年男生正值“青春期”，对性的好奇心很大，上网时，必须牢记一条铁的纪律——不能与黄色网站沾边，这是底线。无论黄色网站以什么方式出现，都要记住自己是学生，是未成年人，不能沾黄色网站。黄色网站就是万丈深渊，迈进去只有死路一条。

（3）多参加集体活动。平时遇到烦心事，不要自己在网上寻求解脱与安慰，要主动与同学、老师、家长多交流，多参加班集体活动，多参加有意义的社会活动。平时寂寞时，要摆脱对性的困惑，转移视线，把精力放在学习上。

（4）告诉老师、家长，或直接举报黄色网站。上网时，一旦不小心进入黄色网站，要果断退出，并立即对电脑进行清理。如果电脑中经常出现黄色网站，则要告诉老师、家长，或直接在网上举报，打掉这个黄色网站。

色情网站好似披着羊皮的狼，它总是以正常的方式吸引少年男生们的注意，引诱你上钩，因此要特别警觉。

4. 邮箱里的邮件

随着网络的普及，男生已经尝到了使用邮件的甜头。在信息时代，邮件的传递非常便捷，但同时也存在着一定的风险。对于来历不明的邮件，不要轻易打开，以免“中枪”。

初一年级的小涛喜欢上网购物，他的妈妈也爱在网上购物。小涛穿的衣服、鞋子都是妈妈从网上淘来的。

一天晚上，小涛在电脑上学习，突然看到了妈妈的邮件。他喊来妈妈，打开了标有“消费通知单”的邮件，上面提醒有消费记录。消费金额在两日内扣除，并随邮件附上了联系电话。妈妈立刻按邮件上的电话打了过去。按对方的提示，更改了密码。可是，第二天上午，妈妈到取款机输入自己更改的新密码时，系统却提示不正确。妈妈试着输入原来的密码发现是对的，但银行卡上的钱早已不知去向了。妈妈这才明白上当了，立即报警。

（1）查看邮件要细心。使用电脑时，不要冒失，当发现新邮件时，不要急着打开，要先查看发件人的名字和邮件主题，多问几个“为什么”，对来历不明的邮件不要轻易打开。

（2）及时清理垃圾邮件。现在垃圾邮件无孔不入，几天不清理邮箱，垃圾邮件就会积压很多，即使邮箱没有被盗，通过一些程序伪造的邮件地址也会出现在邮箱里。因此需要经常清理，不能嫌麻烦。

（3）警惕邮件里的病毒。好多电脑邮件里隐藏的病毒比少年男生想象得厉害，甚至连图片都有可能有毒。没有专业的电脑网络知识，不要随意在电子邮箱里乱发、乱接收、乱转存邮件，务必要谨慎。

（4）重要事情，最好电话确认。对于有疑虑的邮件，或是不确定的邮件，最好直接和对方取得联系，得到证实后，再接收或转发，以免发生意外。

（5）网站咨询。如果发现邮箱里的各种邮件很多，自己不清楚什么是真的、什么是假的，可以与网站联系，请专业部门的人核实、确定。现在有垃圾邮件隔离软件，可以请专业人员下载一个，安装在电脑里，有一定的效果。

对于利用银行诈骗的邮件更要注意，不要轻易相信，最好的办法是拨打银行电话询问，或向家长询问该怎么办。

5. 网上也要讲文明

少年男生的年龄小，心理发育不完全，有时无法控制自己的情绪，因此要特别当心。心理学认为，发泄实际上是寻找，或创造一种条件，或找机会自由表达被压抑的情绪，以达到放松与心理平衡的目的，从而才能更好地提高学习热情与效率。适度的发泄，不影响他人，无可厚非，但是如果过了头，问题就严重了。

小江上初中后，对新学期的学习生活感觉还不错，只是对班长有些意见。因为自己经常迟到，班长经常到班主任那里“汇报”，这让小江很不痛快。他觉得班长“事”多，是告密者、是“叛徒”，是以牺牲自己的利益来讨老师的欢喜。可是，他又不敢和老师、班长沟通，憋在心里特别难受。于是，他就利用上网的时间，在自己的 QQ 空间发泄情绪。

第二天，他发现自己的牢骚下面跟帖回复量超过了万条。而且有人还回复说要“人肉”搜索这个爱打小报告的班长和偏听偏信的老师，还火上浇油鼓动小江去“报复”班长……

这可超乎了小江的预料，他本想发泄一下自己不满的情绪，没想到会这么严重。于是，他赶紧删除了自己的言论。

（1）保持清醒，不能什么都在网上乱说，不能被别人利用或鼓动。少年男生一定要知道，网络是个开放性的大空间、大世界，里面的情况复杂，什么人都有。每个人对事物的理解不一样，所站的角度也不同，文化也有差异，所以，对同样的问题便有了不同的评价。一些非法或是别有用心的人，会钻少年男生的空子，煽风点火，火上浇油，唯恐天下不乱。

（2）文明用语，不要过激。少年男生们要知道人都有“两面性”，遇到问题或矛盾都有想不开的时候，学习之余上网时，可以发发感触，说几句真实的话，但要适可而止，不可伤害他人，不能无中生有地诋毁他人，更不能散布危害社会的言论。虽然言论是自由的，但也是相对的，并不是想说什么就说什么，要对自己的言论负责。

（3）学会沟通，与人为善。遇到不顺心的事，特别是与同学有了矛盾，要学会积极、健康地沟通，不能采取极端的网上攻击方式，导致事态无法控制。

网络发泄不能涉及他人的名誉安全，不可进行人身攻击，对于触犯法律的行为要负法律责任。千万不要痛快了自己，影响了别人。

6. 下载软件

电脑网络中的不同软件一般都有相应的软件授权，软件的使用者必须在软件有使用许可证的情况下，才能够合法地使用软件。如果遇到了免费下载的软件，要仔细查看免费说明，是不是有什么特别的规定，要谨慎，千万不能贪图便宜。

2007年的“熊猫烧香”病毒肆虐网络，主要是通过下载的档案传染，对计算机程序、系统破坏严重。被感染的用户系统中所有的exe可执行文件全部被改成熊猫举着三根香的模样。成千上万的电脑系统崩溃。一时间，大家对憨态可掬的“熊猫”敬而远之。

一天晚上，小学六年级的小虎因为写作文，需要在网上查阅资料，他看到了熊猫画面，喜欢得不得了，急忙打开，却不小心中了“熊猫烧香”病毒，家里的电脑资料全部被毁掉，爸爸、妈妈珍藏在电脑里的资料也被毁掉了。

（1）装好杀毒软件。对于不懂网络安全知识的少年，杀毒软件是最好的选择。自己的电脑要让家长购买正规的杀毒软件，以确保安全。安装完杀毒软件后，记得要将所有的监控、防火墙打开，减少病毒进入电脑的途径。另外，要养成经常给电脑杀毒的好习惯。

（2）降低账户权限。男生平时用电脑时，使用的都是系统的管理员账户。隐藏病毒进入系统后就可以肆虐，因为权限够高。其实，男生可以新建一个用户级别权限的账户，平时上网查阅资料时，就使用用户账户。需要安装软件时，再运行管理员账户。这样即使感染了病毒也没关系，因为必定无法在用户权限中对系统关键设置进行修改。

(3）减少好奇心。好奇不是坏事，但是在下载软件的问题上，如果太好奇、太大意、太冒失，就会让电脑不小心中毒。一些稀奇古怪的软件，或是浏览特别的网页时，都有中毒的危险。因此，在下载软件时，为了降低中毒的概率，还是尽量少些好奇心！

平时，尽量不要乱点一些弹出来的小广告，不要轻易下载小网站的软件与程序，不要在线启动、阅读某些文件，否则有可能成为网络病毒的传播者。

7. 未曾谋面的网友

男生喜欢交朋友，成长中都有属于自己的内心小秘密，每个男生的秘密又是不一样的。每个秘密对自己来说都很重要，都不便与别人说，自己的秘密由自己来掌管，泄露出去就不是秘密了，而且容易引发严重的后果。

小涵是个有点内向的初中生，他不太爱表达，但是内心的情感却是丰富的。家长每周允许他上网一次，他特别喜欢和一个网名叫“懂你”的阿姨聊天。因为他感觉这个阿姨是真的懂他，给了他很多温暖。

小涵的心里一直有个小秘密，是什么秘密呢？一次，他路过咖啡店，看见爸爸和一个自己不认识的漂亮阿姨在一起亲密地喝咖啡，他简直不敢相信自己的眼睛。他一直不敢对妈妈说，实在忍不住了，便把事情的原委告诉了“懂你”的阿姨。

“懂你”的阿姨说她认识私家侦探，可以帮忙调查，还把小涵的电话号码要走了。结果，每天晚上叫“懂你”的阿姨都会打电话给小涵，详细了解他家里的情况。小涵神神秘秘的表情，让妈妈发觉不对劲，追问小涵是怎么回事。小涵没办法了，便把事情一五一十地说了出来。

妈妈听完后，大笑起来，告诉小涵，和爸爸在咖啡店的阿姨既是爸爸的高中同学，也是妈妈的初中同学。本来约好一起商量同学聚会的事情，妈妈临时有事情先走了。听了妈妈的话，小涵不好意思地低下了头，从此不再和“懂你”的阿姨联系了。

（1）要认清网络与现实的关系。网络是虚拟世界，人与人之间互动是有限的，双方看不清真实面貌，对方到底是什么人，年龄多大，是男是女根本无法分清，所以，要提高警惕，学会分辨网友。

（2）保守秘密，提高警惕。对于网络上的“友人”要加强警惕性，不要轻易相信他们的花言巧语。自己的秘密不能说，自己家人的秘密也不能说，学校、同学、老师的情况更不能说出去，以免被“网友”利用。

(3) 不宜在网上交“朋友”。少年的社会经历少，属于未成年阶段，网上的另外一面又特别复杂，无法分清好坏，要把握一个原则，不在网上交朋友，把精力用在学习上。寂寞孤独时，要与同学多交往，与老师多谈心，多进行有意义的文体活动，业余生活充实了，自然就不会关注网上交朋友的事情了。

对于网络上的人或事，要保持高度警惕性，保护好个人真实信息，不要在网络中向网友泄露，必须要知道保护自己个人隐私的重要性。

8. 网友的情网

少年男生仔细想一想，在虚拟的网络世界里会有人对你嘘寒问暖吗？会有人对你关怀备至、体贴入微吗？会有人比父母还关心你的活动吗？如果有，请睁大双眼，认真辨别是非，别让甜言蜜语的“糖衣炮弹”把自己击中。

小玉上初二了，由于营养好，身体发育特别快，身高已在1.7米以上了。暑假的一天，爸爸、妈妈不在家，他独自一人在家上网，发现一个自称是初中生的“美女”向他

打招呼，美女说看着小玉特别帅气，很喜欢他，问他住在什么地方，家长在不在家？说来看望他，与他交个朋友，还免费给他送冰激凌来。

小玉被电脑里的“美女”迷住了，便立刻告诉了对方他家的地址，还说家长不在家，说完，美滋滋地等待“美女”进家送冰激凌。

1 小时后，“美女”敲门了，小玉高兴地开了门，看见“美女”这么漂亮，脑子都乱了。“美女”热情地拥抱他，小玉感觉一股特殊的气味钻进鼻子，不一会儿，就失去了知觉，等苏醒后，他发现家里被盗了。

（1）睁大眼睛，正确看待网络里的情与爱。在网络世界里，一定要睁大眼睛，保持独立的自己，始终明白一个简单的道理，现实和网络是有很大差别的，情与爱的背后可能是巨大的陷阱，根本不是一回事。

（2）不能相信网络里的情与爱，要躲得远远的。网络的另外一方究竟在哪里？是什么人，年龄多大，无法了解、证实，所以，很多信息都不能当真，虚假的多。男生上网的主要目的是学习，而不是谈情说爱，要守住底线，未成年人没有到谈情说爱的时候，根本不能碰这个话题。

（3）学会分析问题。在网络中，遇到说喜欢你、爱你的人，要冷静。对方万一是骗子呢？万一是人贩子呢？万一是流氓呢？万一是同性恋者呢？万一有传染病呢？少年们要睁大眼睛，不要被网络上的“情与爱”所诱惑。

（4）提高警惕，遇事寻求家长和老师的帮助。万一被对方引诱陷入了情网、爱河，千万不要执迷不悟，要立刻清醒起来，把事情原原本本地告诉家长或老师，请他们帮助解决。

女骗子的特征：伪装成清纯妹子、邻家乖女孩、“白富美”等，声称自己很孝顺、很善良、很漂亮，其下手对象常为寂寞空虚的少年，通常装乖巧、装大方、装体贴，骗取男生的信任。

9. 微信里的“陷阱”

利用微信平台进行宣传是现在自媒体时代的潮流，因为成本低，传播快，本无可厚非，但在信息繁杂的今天，由于个人申请简单，不排除有一些人通过这种方式设置陷阱，达到骗取男生的目的。

初二学生跳跳收到了同学发过来的微信链接，说帮忙投票，有大大的红包相送，跳跳信以为真，立刻点击了网址，下载里面的投票软件。没想到，在下载的过程中，手机黑屏，无法使用了，信息也丢失了，他才明白手机中毒了。从此以后，跳跳再也不敢点击转发投票、收红包之类的信息了。

（1）微信代购。一些不法商人，利用低价诱惑少年男生上钩，再更改微信号地址，并时常盗图，展示出真货专柜、快递单等，将本人生活化，博得少年的信任。还有一些不法商人，采取先付款，后发货的方式，最终导致难退款的结果。所以，男生要提高警惕，最好找熟人购买物品，勿轻信陌生的微信代购，要采取货到付款的方式进行交易。

（2）二维码。二维码本身存储着一串文本，不会直接包含木马病毒，但可嵌入多个网址链接，自动跳转执行某网页，并下载病毒，可使黑客有机可乘，轻易修改你的账号，偷取你的信息，窃取你的钱财。男生勿要“手贱”，不要随意扫描陌生的二维码，最好在手机上安装二维码检测工具。这种工具会自动检测二维码中是否包含恶意网站、手机木马病毒或恶意软件的下载链接等。若手机绑定银行卡，尽量不要在银行卡内存放过多的钱，以免引发连锁的损失。

（3）盗号。盗用亲人身份借钱、盗用同学身份借钱或帮忙充话费，所以，不能随意摇陌生人，必须提高警惕，一旦遇到对方提出汇款要求或微信转账的要求，要告诉家长，或通过打电话等方式确认其身份。

（4）爱心。若非官方发布，诸如女童丢失、重症患者等消息，多为话费诈骗，还有“灾区祈祷”等方式，实际是不法分子利用少年的爱心与同情心，来达到其增加点击率、增加关注度的行为。若无法证实信息的真实性，请勿滥用你的同情心，因为一不小心，你就成了造谣者或传谣者，严重时，你还可能会构成犯罪。

（5）社交游戏。现在朋友圈里流行的测身份、算“出轨概率”等游戏受到追捧，男生不要参与其中。这类网页制作简单，成本也低。且需要填写个人信息的网页，多数是为收集个人资料。这类网页往往连接着后台服务器，网友输入的信息会被存入专门的数据库中。接下来可能就会疯传一个测手机号码（QQ 号）吉凶的测试，然后就有了你的手机号码，再接下来搜索一下你的微信号，你的信息就全部都暴露出去了。少年们要睁大眼睛，遇到诸如要你输入个人姓名、地址、头像等涉及个人信息的测试，坚决不要参与，以防泄露信息。

（6）公众账号。对于各类公众账号要提高警惕，擦亮双眼，多方求证真伪，尤其不要随意进行网上交易。

（7）集赞。以销售贵重礼品、免费旅游等为诱饵集赞，再骗取缴纳“邮费”“定金”等费用诈骗。必须核实卖家身份，遇到商家发布的“点赞”信息，不透露商家的具体位置，只写着电话通知，要求参与者将自己的电话和姓名发到微信平台，往往不可靠。另外，礼品价格超过 1000 元的往往也不可靠。谨防霸王条款，如“活动的最终解释权归本公司所有”“活动名额人满为止”“活动奖品数量有限，赠完为止”等，带有这样字样的商家活动，最好不要参加，因为这些都是霸王条款，以防受骗。

诈骗的目的无非是骗钱、骗色，少年们要守住底线，凡是与钱财、个人身份信息等有关的内容，都要提高警惕，不要泄露自己的信息。

10. 不要随意找微信朋友

微信方便了人与人之间的沟通和联系，但交朋友还是要讲究原则的，和什么人交朋友，交什么样的朋友，男生心里应该有数，不要随随便便，以免上当受骗。

小米上初中后在学校住宿，为了方便联络，爸爸给小米买了手机。小米开通了微信，加了50多个好友。这其中当然有认识的人，但更多是陌生人。

一天，他摇到一个陌生好友，谈了不久，这个好友就提出了见面的要求。当小米询问好友见面时间、地点时，对方选在了晚上9点以后，小米从来没听说过这个地方。对方的诡秘和不合乎逻辑的见面方式，让小米多了几分清醒。他果断将对方拉入了黑名单。

（1）微信里亦真亦假，要提高警惕性。现在微信流行，男生们都有智能手机，都有了微信朋友圈，不要盲目相信微信里的人和事，要对微信有一定的了解，不能依赖微信。最好从微信中走出来，和现实中的人交朋友。

（2）在微信里，更需要区分好、坏朋友。微信其实是虚拟世界，说什么话的人都有，发什么图片的人都有，链接什么内容的人都有，甄别好、坏朋友很难，不能凭感觉找朋友。

（3）坚持“九个不找”的原则。第一个原则，微信中说反动话的人不找；第二个原则，微信中语言粗暴的人不找；第三个原则，微信中散布谣言的人不找；第四个原则，微信中与黄赌毒有关的人不找；第五个原则，花言巧语的人不找；第六个原则，微信中，谈钱的人不找；第七个原则，微信中与封建迷信联系的人不找；第八个原则，微信中乱打听秘密的人不找；第九个原则，微信中总是给你负能量的人不找。

微信同样是网络，彼此间缺乏了解的人不能轻易交往。一旦微信朋友提出不合理的要求，要果断拒绝，不给坏人以可乘之机。

11. 微信朋友圈可靠吗

“朋友圈”最大的特点在于分享，既可以分享各自的心情和生活状态，也可以分享各种信息、文字及对生活的看法和见解等，当然，还可以相互点赞。这种精神层面的沟通，使现实生活得到了延伸，也大大丰富了信息量，拓展了男生的眼界。但任何事情都有正、反两面，要注意微信朋友圈的另外一面。

小峰是初一新生，他最近觉得自己的眼睛不舒服，在网上看到了有保护眼睛的蓝屏手机膜，很想换一下，缓解自己的眼疲劳。当他在朋友圈发表了自己的想法后，收到了好多朋友圈里转发给他的链接。他没有仔细

看，随便点了一个链接，结果中了病毒，手机瘫痪了，只能送去维修了。

（1）遇到无法辨别的信息，应先看出处、来源。通常，文章结尾会署名或标明来源，而谣言尽管“态度坚定”，但常未标注具体时间和来源，习惯用“昨天”“今天”等模糊的概念，少年男生们要擦亮眼睛，识别真假。

（2）不轻易转发或表态。网友的情况复杂，发布一些消息时，容易以偏概全、断章取义或博取眼球，因此要格外警惕。当有些网友的消息难辨真假时，可以在网上搜索是否有类似的信息出现过，多方考证，才能正确判断。

（3）不宜随意打开链接。朋友圈里的网友多，链接多，面对广泛传播的各类链接，切忌轻易点击。一是容易中病毒；二是容易泄露信息；三是容易被引诱。

（4）远离不负责任的微信朋友圈。圈内经常能看到一些不负责任的朋友发布或转发的信息，如“微波炉辐射会致癌”“黄瓜都是转基因的”“××小学门口有人贩子”“××事件你不知道的真相”等等。朋友圈里诸多虚假的“生活常识”和“惊悚消息”，有些属于误导性的假知识，有些则会造成恐慌，扰乱公共秩序，少年们要明辨是非，不能陷入微信朋友圈里的旋涡中。

（5）不要沉迷其中。微信无论多么方便生活，也解决不了男生内心的真正需求，微信朋友圈的交流无法代替面对面的人际交流，所以，男生不能太过依赖微信朋友圈。人际间还要多些面对面的交流，这才是真实可靠的。

现代科技让少年们的沟通更加便利，但对“朋友圈”这样的社交工具，既不能过于依赖，更不能沉迷其中，以致忽视了人与人之间的直接交流。归根到底，“朋友圈”只是同学们之间一种沟通、联系的新方式。随着移动互联网的不断发展，未来肯定还会有更多、更新的网络社交工具出现。但无论是什么样的工具，终究都只能是“工具”。在杂乱的信息面前，要保持一份清醒、一份定力。

12. 不要随意转发不良信息

对于各种网络信息，少年男生们要有甄别判断的能力，不良的信息转发不仅仅是随手一点那么简单，未经核实的信息转发后，有时还需要承担相应的法律后果，因此要保持清醒的头脑。

初二学生小然在微信上拥有几百位好友。其中，一位好友在推销铅笔、圆珠笔，还在群中发了一个微信红包，小然抢了一个微信红包——0.5 元。

随后，好友就说这是广告红包，抢到的要帮忙转发铅笔与圆珠笔广告。小然随手就将广告转发到了朋友圈。小然的微信好友看到小然发的广告后，觉得不错，就买回来使用。谁知，该铅笔是“三无”产品，皮肤接触后容易过敏，好友说是看到小然转发的广告才购买的铅笔、圆珠笔，要小然承担责任。为了这事，小然受到了惊吓，好长时间都无法集中精力学习。

（1）讲诚信，有道德，守住底线。在网络世界中，男生要自觉规范自己的行为，发现虚假广告、信息、事件后，不但不要不相信，更不要随意传播。不能冒失，更不能顺手操作。

（2）认清转发的严重后果。如果转发的广告内容货真价实，就没问题。如果在朋友圈中看到虚假广告，如夸大某个医疗产品的功效，或者谎称产品获得了某项专利，遇到类似的情况，不要随便转发，否则将承担相关的法律责任。如果是关于社会事件的负面消息，在不了解真相的情况下，随意转发，则会引发“蝴蝶效应”，产生严重后果。

（3）弘扬主旋律。男生要以学为主，爱国、爱社会、爱民族是根本的大事，只要是官方的、带有正能量的消息，就可以多转发，真正把积极的、充满正能量的人与事宣传出去。

现在很多骗子经常利用微信转发搞诈骗，要特别当心。如小孩走失、小孩急病、星座好运、今天是什么儿子节、女儿节、老公节、老婆节、爸爸节、妈妈节、兄弟姐妹节、朋友节等，求转发，要保持清醒，虚假的多，并且带有诈骗的性质，千万要当心，以免被骗。

13. 看微信要当心

微信是很多少年男生手机上的必备软件，作为新时代的交友工具，它独具“查找附近用户”的功能，一般可以查找 1000 米以内同时用手机登录玩微信的网友，并通过“打招呼”的方式与对方结识，既可聊天，又可语音、发图片视频，还能保护隐私。网络的虚拟性满足了少年男生的好奇心、虚荣心。

初中学生小叶，最大的业余爱好就是玩微信。放假的第一天，他和以前小学的几个同学相约到商城喝下午茶。由于对商城地形不是很熟悉，小叶边走边给同学们发送自己的定位，方便大家实时为他指路。到了商城的同学还给小叶发来了自拍照，小叶乐此不疲地低头看微信照片和信息，完全没有留意到此时已经是红灯，所有的车辆都停了下来，行人也已经驻足，只有他还沉浸在和同学的微信互动中……一辆正常转弯的公交车开来，瞬间就将还在看微信的小叶撞倒。危急时刻，路人、交警赶来，拨打了 120 急救电话。经过抢救，小叶暂时脱离了危险，但是因为伤到了腿，医生建议住院治疗。

(1) 人身安全最重要，这是“红线”。男生看手机微信可以，但是走路、坐车、在拥挤的车厢中，严禁看手机微信，无数血的教训历历在目，生命安全第一。

（2）遵守公共道德，不骚扰他人。微信的优势就是随时随地可以看，但是要分时间、地点，不能想什么时候看就什么时候看，只要影响他人的生活，就不要看。公共场合看微信，安静最重要，要把微信设置成静音。需要保密的微信，不要使用语言。需要删除的微信，要及时删除。

（3）加强安全意识，避免麻痹大意。看微信很多个人情况会显示出来，要注意保密，如果随意拿出来看、听，不注意身边的人是否偷听、偷看，就可能泄露机密，引发祸端。

最好给自己制定看微信的时间和场所，不能无节制地看。其实，很多微信内容并没有什么价值，只是浪费时间，刺激情绪。

四、校外活动

1. 陌生人的尾随

生活中，可能会遇到陌生人尾随和搭讪的事情，危险是人们不希望遇到的，但各种潜在的危险并不会因人们的愿望而改变。男生应时刻保持警惕，遇事沉着冷静，积极灵活地应对陌生人尾随与搭讪事件。平时要不断学习，甚至可以进行预防性的“演练”，千万不能马马虎虎的，要牢记古人说的一句话：“害人之心不可有，防人之心不可无。”

傍晚，小强去超市购买明天的早点。在他即将从超市门口出来时，接了妈妈打来的一个电话。因为手里还拎着东西，小强接完电话随手就把手机放在了外面的大衣口袋里。由于粗心大意，没有盖好口袋盖，旁人一眼就能看到他口袋里的手机。

一个“黄头发”的年轻人跟了上来，若无其事地跟在他身后，走了十多步。小强抬头，看到了卖糖葫芦的小贩，走上前买了三串，准备回家和爸妈一起分享。拿着糖葫芦转身时，“黄头发”从他身后迅速闪过。小强下意识地摸了摸口袋，发现口袋空空如也。这才意识到手机被盗了。

原来，小强在接电话时被“黄头发”尾随上了，他一直跟着小强来到卖糖葫芦的摊位前，迅速下手。当时，小强只顾看糖葫芦，没有防范意识，给“黄头发”留下了可乘之机。

（1）学会观察，学会判断。外出活动时，要处处留心，确定是否被尾随，注意观察周围的环境和人员。如果出现下列情况，可能就是被尾随了。如无论怎么走，即使采取相反的路线走，身后也仍然是同一个人跟着你，便可以断定被尾随了。

（2）保持镇定，向安全地域走。尽可能往人多的地方走，如商场、超市、银行、小区门口、警务工作站、门卫等，寻找时机，大声呼喊，引起人们的注意，也可以向保安或工作人员说明情况，说明自己被尾随了，寻求他们的帮助。如果行走的地域复杂，要经常变换行走的时间、地点、路线，甚至可以换服装与发型，尽量不形成规律性的行走。

（3）寻找探头，留下影像。目前随着“天网”的普及和公共设施的健全，很多路段都有监控设施，要尽可能让自己处于监控范围内，在相对安全的范围内进行周旋，给民警保留证据。

（4）不单独出行。男生年龄小，如果必须要去往不熟悉，或是偏僻的地方，或是晚间行动，应尽量和同学们结伴而行，相互间保护好，随时与家长、老师保持良好的畅通联络。出门前，告诉家长、老师去了什么地方，什么时间返回，与谁同行等。

（5）穿衣服有讲究。一个人出门，要注意自己的仪表，穿着打扮要得体、大方，符合自己的年龄段。尽量避免暴露身体，避免给不法分子留下可乘之机。

（6）及时报警，或是给家长、老师打电话。如果感觉尾随人有侵害自己的举动，要及时打电话报警，报警时要先说清楚地点，再说清楚危险。因为地点位置很重要，说不清地点，就会耽误营救时间。如果有智能手机，还可以开启 GPS 定位系统，这样更方便警方及家人、老师找寻。

（7）正当自卫。男生们外出时，可以准备点喷雾剂、辣眼水等一些“武器”，关键时刻用得上。业余时间，还可以练点防身搏击术，也能锻炼身体，一举两得。

平时要加强防备，有一定的准备、措施、手段，提前在心理上给自己多“上上课”，做到有备无患、未雨绸缪。

2. 交通安全

交通安全是个老生常谈的话题了，少年们都了解、清楚。然而，越是了解、清楚，越容易放松安全意识，当一例例本可以避免的交通事故发生时，男生们是否会想一想自己的交通安全问题呢？

初春的早上，初一年级的梁子与强子同时骑自行车赶往学校上早自习。两个人边说边骑，彼此还单手或双手撒把练“绝技”。

路前方有一辆电动三轮车停在路边，等他们发现时，为时已晚。梁子没有来得及刹车，直接撞上了三轮车，重重摔在了地上。车主和强子赶紧拨打急救电话。经抢救，梁子暂时脱离了生命危险，只是还处于轻度昏迷。梁子的眼睛、牙齿、头部都被强大的冲击力撞伤了。大概用了半年的时间才恢复好，为此耽误了功课，不得不留级。

（1）遵守铁的纪律，绝不拿生命当儿戏。少年男生务必牢记“交通安全”这四个字，自觉遵守交通规则，坚决不在机动车道和非机动车道上、铁路交叉口、过街天桥、地下通道内打闹、猛跑、玩球等。过马路时，走斑马线，不闯红灯。过铁道口，要观察火车通过情况，不能翻越栅栏，更不能硬闯铁道口。

（2）遵守乘车规定，不违规。乘公共交通工具外出时，要自觉遵守规定，不拥挤、不抢上抢下，不携带易燃、易爆、强腐蚀性等违禁物品，不在车上打闹，要以安全姿势站好或坐好，集中精力，不仅要对自己的生命安全负责，更多的是对他人的生命安全负责。

（3）遇到突发事故要保持冷静，不慌乱。如果所乘的车辆发生了交通事故，要镇定，不慌乱，坚决听从司乘人员的指挥，有序撤离。发生了交通事故，如果只有自己被困在所乘的车辆中，可击碎车窗玻璃逃生。逃离车辆后，要远离事故发生地点，迅速报警，或拦截路人救助伤员。

（4）要熟记并正确使用各种求助与报警电话。遇到交通事故，要立刻报警，或叫救护车。最好使用普通电话、投币电话、磁卡电话，拨打 110、119、120、122（均为免费服务号码）时，直接拿起话筒即可拨通。使用手机报警时，也可直接拨打相应的号码。拨打电话求助或报警时，要报出自己的姓名、地点、现场情况。

交通事故猛于虎，少年男生要牢记在心中，一点点的粗心与马虎大意，都会酿成大祸，令人追悔莫及。

3. 水上安全

有资料证实，中小学校的学生溺水死亡所占的比例非常大，是中小学生非正常死亡的头号杀手，要引起足够的重视。每年的新闻媒体中，都能看到有中小学生溺亡的消息，令人十分痛心。

前几年的暑假，初二学生小虎游泳时，因为体力不支，发生了溺水，挥手喊救命。岸上的几名同学见状，立刻“手拉手”下水施救，导致几名同学不幸一起落入江中，发生了不可挽回的悲剧。

悲剧的背后，人们会发现一个不容忽视的问题，一人落水，多人施救，但结果却变成一人落水，多人溺亡的悲剧。值得人们深思。

其实，当时如果几个岸上的学生，各自把衣服脱下来，腰带解下来，连接成绳子，就能安全顺利地把落水的同学拉上来。

（1）牢记原则，远离危险水域。夏天，无论河里的水多么清澈、透明，少年男生都不能私自外出去河里游泳，这是安全“红线”，不能逾越。外出遇到河水时，站在河边看看即可，千万不能麻痹大意，更不能逞能下水玩。如果发现河边有小虾、小鱼、小蝌蚪、小螺贝、蜻蜓等，不要下水抓，以免发生淤陷。遇到漂亮的桥梁时，不要长时间在桥梁上拍照或观景。

（2）保持镇定，科学逃生。乘坐轮船时，一旦发生危险，要保持冷静，大声呼救，遵照船长的指挥，穿好救生衣，不能乱跑、乱闹、乱跳水。如果当时情况不严重，有空余时间，还可以拨打报警电话，说明轮船出事的地点、大致情况等。落水后，全身放松，最好借助木板、水桶、塑料袋、泡沫塑料等简易救生物品，延长在水面上漂浮的时间，以最少的体力消耗维持最长的生存，耐心等待救援。落水前，可以充分利用自己的衣裤制作简易救生衣。方法是：将裤管末端绑在一起套在颈部，入水时，上臂靠紧身体，双手将裤腰撑开再跳入水中，这样裤管会充气，形成救生气囊，然后抓紧裤腰增加身体浮力。过桥时，一旦落水，不要紧张，入水瞬间憋一口气，入水后，头后仰起来，双手向两边呈大字形，掌心向上，使身体向上浮起。在水中遇到水草杂物时，一定要远离，以免被缠绕。呛水时，保持平稳姿势，最好憋一下气，等情况缓解，再正常呼吸，以免连续呛水。发现水中不明物体，不要接近，最好远离。

（3）安全施救，保证生命安全。发现有人溺水，如果自己不会水，千万不能冒失地进入水中救人，要及时向路人呼救，帮助救人。如果身边没有路人，可打电话报警。如果落水者的位置距离岸边不远，可以找木棍、绳子把落水者拉上来。也可以脱下衣服，当成绳子用，让落水者抓住，拉上岸。如果你水性好的话，施救时，从侧后接近落水者，抱着落水者的腰，以侧蛙泳的姿势，尽快上岸。不能正面接近落水者，以免被落水者缠住，双双发生意外。

水上救生的基本原则是救援者自身安全最重要，岸上救生优于下水救生，器材救生优于徒手救生，团队救生优于单人救生。

4. 滑冰安全

滑冰是男生非常喜欢的一项运动，但是滑冰的时候危险也如影随形，如果不注意的话，就会发生意外。所以，滑冰时确保人身安全，防止和降低意外很重要，需要少年男生格外当心。

小学六年级的兵兵喜欢滑冰车，寒假到了，家门口的一条小河结冰了，他拿出冰车，没有告诉家长，悄悄出门，快乐地在冰上滑。滑了一会儿，他觉得河边场地小，施展不开，滑得不过瘾，便逐渐滑向了河中心的冰层。

正滑得起兴，“咔嚓”一声，冰面发出异常的响声，他没有注意，继续滑。不一会儿，冰层瞬间裂开，兵兵与冰车掉进冰洞里，十分危险。幸亏被路人发现，把他救了上来，冻得他感冒发烧，连年也没有过好。

（1）去正规滑冰场，不去野冰场。滑冰是一项很好的体育运动，多数男生喜欢滑冰，不要贪图便宜，或为了省钱，去野冰场滑冰，应该去正规的、安全有保障的冰场滑冰，自觉遵守滑冰场的规定，不逞能、不打闹、不违规。

（2）装备、保护装置与设备要齐全，不能凑合。穿冰鞋时，前两三个扣眼的鞋带可稍松，后面的鞋带要系紧，以脚腕在鞋里不晃动为合适。身上不要带硬器，如钥匙、小刀、手机等，以免摔倒后扎伤自己。服装厚度、松紧度以不妨碍运动为宜，戴好手套，以免摔倒时擦伤皮肤。为了安全，应该提前戴好护具。

（3）中规中矩，不逞能、不玩花样。在滑行中，尽量避免互相牵手，以免一起摔倒，造成伤害。不要在其他初学者身边做花样动作，或“闪电”而过。以免他人受到惊吓摔倒，发生意外。务必遵守滑冰场的规定，不能在人员密集的地方和别人比赛、较劲、斗气等。

（4）规避风险，学会保护自己。滑冰时，互相碰撞在所难免，一旦遇到不可避免的冲撞，要迅速侧身、屈体，逐渐减速，灵巧躲避，避免正向冲撞，保护好头部和胸部，双方接触瞬间，要迅速伸手缓冲撞击。

（5）眼观六路，耳听八方。滑冰时，不能滑“疯”了，要提高警惕，随时观察冰面情况，时时注意冰层，如果看到或听到冰面异常，应该立即采取保护措施，离开危险地域。

绝对不要长时间躺在冰面上或坐在冰面上，因为别人滑行时，冰刀可能会伤到你的身体，造成意外。

5. 街头道路体育锻炼的安全

平时，男生喜欢锻炼身体是件好事，但一定要注意场合，生命安全第一，不能随心所欲，想在什么地方锻炼就在什么地方锻炼。街道上人来人往，马路上车辆多，绝对不能在人行道上、马路上锻炼，这是原则，不可逞能。

放学路上，小学五年级的小宇和同学小军在人行道上打羽毛球。小军挥拍时，方向不准，羽毛球飞向马路中央，一辆摩托车正好开来，羽毛球飞在驾驶员的眼睛上，摩托车驾驶员受到惊吓，精神紧张，摩托车失去了控制，冲出马路，撞上了路边的树，驾驶员受了轻伤。

警察叔叔赶来，对小宇和小军进行了批评教育，责成家长负责赔偿摩托车驾驶员的医疗费和修车费。

（1）自觉遵守公共秩序，不做害人害己的事。人行道是供人们走路用的公共设施，不是进行体育锻炼的地方，我们应该明白这个道理，不能违反规定，以免伤了行人。另外，行人中什么人都有，如老人、孩子、病人等，万一伤了人，害人害己，家长还要赔付医疗费。要知道，马路是车辆行驶的专用道路，绝对不能在马路上进行游戏、玩耍和锻炼，一旦发生危险，后果很严重。

（2）管住自己的腿，守住安全“红线”。无论什么情况，都要守住安全“红线”，不能为了自己一时的快乐，放任自己的行为，要知道任何事故的发生都有必然性，不能心存侥幸。进行体育锻炼是好事，但要去正规的场所，或是在安全的地带进行。

（3）时刻保持警惕，不能粗心大意。有的男生喜欢在路边进行自认为是安全的体育活动，如跳绳、踢沙包、做广播体操、健步走、跑步等，要知道安全是相对的，绝对不可以掉以轻心，要观察道路情况，因为有时候你不伤害别人，别人也会来伤害你。

体育锻炼需要有安全意识，遵守相关的规章制度很重要，不能乱来，更不能损人利己，侵占公共场地。体育锻炼，不仅在于育体，也在于育心。

6. 参加文艺活动的安全

文艺活动包括唱歌、跳舞、舞台表演、各种展览、庙会等，因为其多样性、接地气，深受男生的喜爱。

新年即将到来，某地组织演唱会。场地人很多，电线、灯光、器材很乱，初中一年级学生小苗钻进了演出现场，专心听演唱会。由于意外断电，人群乱了，他跟着人群乱跑，最后被人群踩倒，受了伤，住进医院。

（1）自觉遵守规定，不犯“自由主义”。按顺序进入现场，服从现场工作人员的管理，不要拥挤，更不要推搡，确保现场秩序良好，做个文明少年。

（2）听从指挥，积极配合。当入场人数超员时，要理解组织者，配合管理人员完成疏导工作，接受暂时控制入场的间隔，或分时段入场的措施，不逞能，不硬闯，不能使性子，更不能乱骂或起哄。

（3）选择安全位置，不在敏感地段停留。进场后，要注意观察，文艺活动现场一般会有许多紧急疏散的标志，不要在有紧急疏散标志的位置活动，也不要聚集在这些位置附近说笑、打闹、吃喝东西，以免造成疏散通道的堵塞。

（4）夜间要谨慎，保持头脑清醒。少年们夜间参加文艺活动时，不要在灯光昏暗的区域停留，以免出现问题时，由于光线不好，造成心理恐慌。不要与大人分开，在光线明亮的位置比较安全。单独去卫生间时，要注意来回路线，不要走错道路，万一与家长分离，要及时告知现场工作人员，请他们帮助寻找。

（5）保持镇定，听从指挥。文艺活动现场一旦发生意外事故，不要惊慌失措，更不要凑热闹聚集围观，要保持镇定，远离电线、电器、设备与灯光，要在现场公安民警，或工作人员的指挥下有序撤离，同时注意收听现场疏散的广播提示，不能自乱阵脚。

观看文艺会演，要服从指挥，不要追星，不要拥上前后台，没有经过允许，不得以任何形式进入前、后台，以免造成严重后果。

7. 参观体育比赛的安全

男生大都喜欢体育活动，喜欢看竞技场上运动员的精彩表现，观看或为体育比赛服务的同时，要注意安全，不能疏忽大意，以免受到伤害。

某地，两所初中进行排球比赛。赛场上，运动员们个个勇猛善战，发球、接球、二传、扣杀……

啦啦队的同学们也忙着为各自的球队加油助兴，小峥是比赛的工作人员，在赛场周边帮忙捡发排球、收拾现场杂物等。

双方交换场地，比赛继续开始，工作人员及时退到了场外，小峥因为接电话耽误了退出。正在这时，一记扣球狠狠砸到场外的护栏，反弹后，恰巧砸中了小峥的后背，他一个趔趄，摔倒在地，牙齿磕到了护栏，满嘴流血。经过检查，小峥的门牙磕掉了半颗，只好花了1000多元补种了一颗完整的牙齿，否则就“毁容”了。

(1) 做文明观众，不犯自由主义。按时进场、退场，服从现场工作人员的管理，对号入座。入座后，不要吃东西，不要光膀子，不要乱走动，不要与人拥挤，不要打闹，不要大声喧哗，不要无所顾忌地拍照，要遵守现场规定。

(2) 保持安静，专心观看，安全第一。运动场上需要安静，要专心观看运动员比赛，管住自己的手、脚，不向场内扔、踢东西，以免干扰比赛，甚至造成严重后果。观看时，要当心场内的运动器材“飞”出来，及时躲避。

(3) 尊重人，嘴下留情。尊重运动员、遵守赛场的规章制度，尊重裁判和工作人员的组织与劳动，无论喜欢哪位球星、哪个队，都要保持一颗平常心，无论输了还是赢了，无论判罚的对与错，都不要起哄、骂人，你的尊重与理解，就是对他们的最大支持。

(4) 尽量不走动，避免走失。运动比赛现场很乱，中间休息时最好不走动，不与家人或同学分离，万一与家人或同学分离了，要稳住情绪，找个安全位置，慢慢寻找，不能东找西找，交叉乱跑。也可以通过手机联系，或通过现场服务人员寻找。

参观体育比赛时，控制自己的行为很重要，要以服从现场规定为原则，不逞能、不乱来。

8. 自创游戏的安全

游戏可以开阔视野，放松心情，开发智力，增加友谊。同时，游戏也是男生发泄情绪的好方法。在开发游戏时，要本着有利于团结、积极向上、人际交往、心理素质等方面进行，这对于提高少年的个人素质非常有意义。

暑假，八岁的小嘉来到外婆家小住几天。一天，他和邻居小雨玩游戏，还发明了新游戏——“子弹飞射”。他们射击的目标不是固定物，而是闭眼扫射任意物。

小嘉制定了游戏规则：每人的仿真冲锋枪的弹夹里只放10粒塑料子弹，闭眼转圈连续扫射。能够打到物体的人算胜利。小雨一圈下来一无所获。轮到小嘉了，他闭上眼睛刚转了半圈，就听到小雨“哎呀”一声。他急忙睁开眼睛一看，小雨痛苦地捂着脸，蹲在地上哭。原来，小雨在小嘉扫射时，没有及时躲开，一发子弹正好射到小雨右眼的眼角。

小嘉妈妈赶紧带小雨去了医院，医生检查后，严肃地说太危险了，万幸的是子弹只是擦伤了眼角膜，没有伤到眼底，否则后果不堪设想。

(1) 安全是根本。玩自创游戏时，无论多么刺激、好玩，首先要考虑安全性、可行性与健康性，不能不计后果，只图一时玩得痛快，否则必定会留下安全隐患。

(2) 自觉约束，适可而止。对于安全性不确定的游戏要学会约束，及时终止，不能过度游戏，以防发生不可挽回的错误。

(3) 选择安全场所，避免危及他人。如果自创游戏需要场地，游戏本身使用的物件、器具、工具有一定的投射距离与杀伤力，应该远离公路、铁路、建筑工地、工厂的生产区、住宅小区、人群，以免造成误伤。玩耍时，不要进入枯井、地窖、防空设施内，要避开变压器、高压电线，不要攀爬水塔、电线杆、屋顶、高墙，不要靠近深湖、潭、河、坑、水井、粪坑、沼气池等。

(4) 选择安全的游戏。生命安全重于山，生命健康比什么都重要。玩自创游戏时，要避免危险性的动作，不使用危险性的工具与器械，不要模仿电影、电视中的危险镜头，如扒乘车辆、攀爬高大建筑物、用刀棍互相打斗、用砖石互相投掷、点燃树枝废纸等，这样玩游戏的危险很大，容易造成意想不到的后果。

(5) 要选择合适的时间玩。玩游戏时应有时间观念，一是选择合适的时间段，不要选择在中午大家休息时玩，以免影响别人午休；二是不要选择在夜间玩，以免因视线不好，造成意外伤；三是时间长短要把握好，以半小时为宜，不能没完没了，因为学生要以学习为主，不要忽视了学习的大事。

自创游戏要有科技含量，突出知识、趣味、友谊、文明、健康与环保，不要都是刺激的、冒险的、打打杀杀的。

9. 头顶上的危险

对于所有玩过 CS 的人而言，都知道有一条保命的原则——“顺着墙根走”，这样可以降低受伤害的概率。

生活中有没有这样的“保命”原则呢？随着现在城市建设的飞速发展，高楼、广告牌、发射塔的增多，随处可见的高楼已经不怎么吸引路人的目光了，少年们大多已经住进了高楼里，但你们想过没有，有时候想不到的灾祸会从天而降呢？因此要有所警觉，切不能麻痹大意。

一天下午，四年级的小虎下学途中，不幸被一本书砸伤了眼睛。事情的经过是这样的，下午放学后，小虎与同学们一起认真打扫好了教室的卫生，便着急往家走，他的脑子里想着看动画片的事呢！经过一处高层居民楼时，没有注意观察楼上的情况，被楼上掉下来的一本书砸到了眼角，鲜血直流。很快，楼上的阿姨跑下来，带着小虎去医院进行了治疗。

医生说伤到的是眼角，差 1 毫米就伤到眼睛了。原来，住在 6 楼的阿姨家里发生了“战争”，两个写作业的姐弟发生了矛盾，吵了起来，弟弟生姐姐的气，拿起姐姐的书，用力扔出了窗外，偏巧这时小虎从楼下经过，不幸被砸中。

（1）上下学的路线选择好，不要顺着高楼的墙根儿走。少年们大都住在高楼里，上下学时，经常穿越楼群，要走中间宽敞的正规道路，不要走高楼边的小路。在高楼群中走路时，要注意观察四周与上面的情况，不能只顾低头行走。

（2）养成观察的好习惯。进入高大建筑群时，要学会观察，看看有无危险的物体悬挂在高处，有无坠落的危险，特别是花瓶、晾晒的鞋子、鸟笼、空调换气外挂机、防护栏、巨大的广告牌子等。观察时，注意危险提示，一般经常坠物的路段，人们会贴有警示牌等标志，要注意查看并绕行。

（3）生活中，时时提醒自己空中也有危险，随时会降临。学习时、游玩时、聊天时、散步时、遛狗时，要注意头顶安全，不要靠近高大建筑物，要找一处空旷的地域活动，以确保不被空中飞来的异物袭击。

（4）特殊天气更要注意安全。上下学遇到特殊的天气时，特别是刮大风、下大雨时，最好等待一会儿，等雨过去了、风停了，再走也不迟。如果顶风冒雨走出去，此时正是高空坠物的频繁阶段，危险性很大。

一个鸡蛋从8楼扔下，可以砸人一个包，如果从18楼扔下，可以砸破人的脑袋，如果从28楼扔下，就可以使人致命。这绝不是耸人听闻。

10. 脚下的陷阱

人们常说“路在脚下”这句话，可是随着城市建设的发展，你是否留意过自己脚下的路有哪些变化呢？存在着哪些危险呢？

暑假里的一天，7岁的男孩小爽和小伙伴们来到离家不远的一处废弃的工地上，玩起了“藏猫猫”的游戏。为了躲避小伙伴，小爽一个人跑进了临时搭建的小屋子里躲了起来，可是跟在他后面的一个小伙伴眼看要追上小爽时，小爽却突然不见了。他害怕地喊来了其他伙伴寻找，发现小爽掉进了深井里。

原来这个临时搭建的小屋里有一口废弃的深井，这个工地也很少有人来，当时的深井没有井盖，只是用一块三合板盖住了井口。小爽只顾着躲避伙伴，没有注意脚下的三合板，因为板子受力小，承受不住小爽的体重而碎裂，致使小爽跌落深井中。好在深井底部是沙子、海绵、塑料泡沫，小伙伴们找来了绳子，合力把小爽拉了出来。

(1) 养成观察路面的好习惯。少年男生上下学需要走路，外出活动需要走路，应睁大眼睛，注意路面情况，因为脚下随时可能会遇到危险。有时上午路面还好，下午就出现了深坑，因此特别要引起警觉。

(2) 集中精力，不一心二用。行走时，注意力一定要集中，切忌低头看书报，或看手机、吃东西。记住一句话，走路不看景，看景不走路。发现路面上的钉子、碎玻璃、坚硬的石头，要早早远离，不要踩踏。

(3) “宁走十步远，不冒一步险”。少年男生外出遇到危险的路面情况时，特别是发现裸露的下水井、低洼的泥坑、塌陷的水泥路、自来水管道下陷的深坑、敞开的热水管道井等，务必绕行，千万不能攀爬、跳跃。

近年来，下雨后人员不慎坠入井中的事故频发，需要高度警觉；任何时候走路，都要谨慎小心，做到“眼观六路，耳听八方”，以免发生危险。

11. 街边的小吃

大街上的小吃由于卫生状况缺乏监管，少数小商小贩为了经济利益，所加工出售的食品大多达不到卫生标准。除了食物的卫生，从业人员的身体健康问题也存在着隐患，他们有没有健康证呢？有没有传染病呢？

男生正值身体迅速生长期，为了健康成长，必须自觉抵制不卫生的食物，把住“病从口入”这一关。

下了晚自习，初一学生小成独自往家走，走到半路，他觉得有些饿，看见一个卖食品的三轮车，便想买个煎饼果子吃。可是已经卖完了，老板说只剩下一张土豆饼了，问小成要不要，最后一个给他便宜些。

小成花了一半的价钱买到了土豆饼，狼吞虎咽地吃了下去。当时，他觉得土豆丝有点酸，但是因为太饿了，也没在意。谁想，到了半夜，小成的肚子开始疼，一趟一趟往厕所里跑，拉肚子了。一宿都没有睡好觉，早晨头晕恶心，爸爸赶紧带他到社区诊所，医生说小成是吃了变质的土豆饼得了急性肠胃炎。

（1）管住嘴。很多男生都喜欢吃零食，但是要知道吃零食最重要的是食品安全，不能为了吃零食，为了过“嘴瘾”，而伤害了身体健康。外出遇到街道上小摊小贩卖的食品时，不要贸然购买，要看看有无卫生许可证，有无健康证，食物有无变质，闻闻食物有无异常味道，对于可疑的食品，坚决不买。

（2）不给小摊小贩机会。有些不法商贩，为了逃避监管，为了牟取暴利，在食材原料和人员卫生上没有保证。少年们要坚持不买的原则，相信如果人们都不买，这些小摊小贩也就没有市场了。

（3）养成饮食的好习惯。为了健康，少年们平时最好不要吃零食，按时吃饭，按时喝水，坚持在家吃，在学校吃，也许食堂或家里的饭菜可能不合你的胃口，但相比外面，还是更卫生、更安全、更可靠些。

（4）拒绝劝。男生上下学经常走在一起，无论同学买什么小吃，怎么劝你吃，都要学会拒绝，找借口不吃。外出时，最好不要带零钱，以免被小商贩“忽悠”了。

要保持清醒的头脑，遇到大街上的小食品，时刻问自己：食品卫生吗？安全吗？卖东西的人身体健康吗？

12. 病人求救

生活中，经常会遇到意料之外的事，这是自然规律。茫茫人海中、上下学的路上，如果遇到病人呼救，是视而不见呢？还是伸出援手予以帮助呢？少年们要深思。

小祥上了初中后，每天都要坐两站地铁。周五下午放学后，他和往常一样来到地铁站口，看到一位上了年纪的爷爷躺在地上向他摆手。

开始，小祥以为是流浪人员向他讨要钱和食物呢！但是，仔细一看，发现老爷爷穿着整齐，不像是流浪人员。小祥急忙靠近爷爷，主动和爷爷说话。

爷爷吃力地指着自己的胸口，表情痛苦的样子。小祥意识到一定是爷爷病了，向自己求救呢！于是，他蹲下身，想让爷爷坐起来，爷爷还是摆手捂胸。小祥顺着爷爷的手，摸到了爷爷内衣口袋里的一个小葫芦瓶——速效救心丸，赶紧倒出了几粒，给爷爷放到嘴里。过了一会儿，爷爷恢复了一些，让小祥帮忙联系了家人。

（1）争分夺秒，在自己的能力范围内，正确行动。看见病人求救后，立刻在大脑中闪现出“人命关天”这四个字，不要躲避，保持安全距离，第一时间报警，或拨打120。

（2）呼喊路人帮助。报警或叫了救护车之后，立刻查看周边环境，寻求更多人的关注，人多办法多。因为少年男生是未成年人，只能做些力所能及的事，由于不懂急救知识，不能强行施救。

（3）不能冒失靠近病人。病人的情况复杂，是不是急症、传染病等都不清楚，所以，应该保持安全距离，不可随意翻动病人，也不能去摇晃病人，以免导致病情加剧。

（4）看护好现场。突发病人无人照看，可能会随时发生危险，要有仁爱之心，仁爱之行动，自觉看护好现场，直到救援人员或病人的家属赶到。如果担心发生意外，可以与自己的父母、老师取得联系。如果病人清醒，可以询问需要什么帮助，是否需要帮助搜寻身上带的急救药品，与家属联系，等等。

遇到病人求救，要谨慎小心，保持冷静，不能冒失帮助，应做一些力所能及的事。

13. 推销东西的人

很多少年都喜欢购物，本来挑选自己喜欢的物品是心情愉悦的好事，但是经常会遇到店员推销，像胶水一样黏上你，心情不爽，少年们知道该怎么办吗?

暑假，初二学生大鹏独自来到古玩市场，也许是受爸爸的影响，他喜欢欣赏这些古香古色的“宝贝”。当他来到玉石摊位时，立刻被一个水绿色镂空雕刻的笔筒吸引住了。

这时走过来一个阿姨，不断地给大鹏讲解这个笔筒的好处，让大鹏购买。大鹏对阿姨说只是欣赏，没有钱买，然后准备离开，可是阿姨不依不饶跟在大鹏身后喋喋不休，大有“不买就跟定你”的势头。没有办法，大鹏只好拿出100元钱买了回来。

晚上爸爸下班一看，是假玉器，没有收藏价值。气得大鹏一晚上没有睡着。

（1）明确表明自己的态度。遇到推销人员纠缠时，务必态度坚决，一口咬定不买，不能犹犹豫豫，给推销人员造成错觉。

（2）装作对此事不感兴趣。无论怎么纠缠你，你都无动于衷，装成无所谓的样子，甚至答非所问，推销人员看见你这个样子，也就无可奈何了。

（3）尽量不向销售人员询问。遇到推销人员纠缠，不要驻足询问，不给推销人员纠缠你的时间，快速问完，快速离开。

（4）找借口脱身。如果推销人员不放弃对你的推销，巧妙地找个借口离开，如“爸爸在前面等着呢”“妈妈来找我了”“同学等着我写作业呢”“老师叫我呢”等。

对于难缠的推销人员，可以直接拨打报警电话或是商场的客服举报电话，也可告诉家长来解决。

14. 商场着火

少年们在放假休息时，约同学见面或闲聊，可能会选择商场。为什么喜欢去商场见面聊天呢？因为走进一家商场，可以买全几乎所有的日常用品，满足所有人的大部分需要。

「火中求生」

前几年，某商场着火，初中一年级的学生壮壮当时正在商场买东西，他因没有听从指挥人员的指挥，跟着人群乱跑，不幸被堵在楼道拐弯处，被很多人踩踏，壮壮受了重伤，被迫住院治疗。

（1）听从指挥最重要，不要乱跑。少年们被困于火场后，要坚决听从工作人员的指挥，有序疏散，切忌互相拥挤、乱跑、乱蹿，一旦堵塞了安全通道，后果十分严重。疏散时，少年们要集中精力，按照指令走，尽量靠近承重墙或承重构件部位行走，以防被坠物砸伤。

（2）保持镇静，不要惊慌。商场里不仅有相当数量的可燃物，而且常常处于人员集中的状态。一旦着火，被困人员要想逃离火场，必须要有良好的心理素质，保持镇定，不惊慌，“眼观六路，耳听八方”，利用一切可以利用的有利条件逃生。

（3）随机应变，就地取材，自制器材逃生。遇到大火与浓烟时，要立刻用毛巾、口罩捂住口、鼻，能起到一定的防烟、防烧伤的作用。

（4）胆大心细，生命安全第一。必须从窗户逃生时，不能直接跳下去，可以利用绳索，或快速用布匹、床单、地毯、窗帘等制作成安全逃生的绳子，滑下去。也可以借助水管，一段一段地滑下去。

（5）临时借用保命的物资与工具。有些商场经营各种劳动保护用品，如安全帽、摩托车头盔、防火工作服等，可临时使用，以免烧伤、砸伤。

（6）机智灵活，不盲目拥挤出逃。在逃生过程中，一旦人们蜂拥而出，极易造成安全出口堵塞，使人员无法顺利通过而滞留于火场。这时要保持清醒，克服盲目从众心理，如发现出口堵塞，应果断听从指挥，放弃从安全出口逃生的想法，选择破窗而出或其他逃生方式。注意，不要躲避在电梯里，因为商场着火后，一旦停电，电梯就会停止运行。

（7）增强消防意识。进入商场后，要认真观察一下安全出口的位置，疏散通道的位置，楼梯间的位置，安全门是否上锁，消防设备的具体位置等，做到心中有数。

逃生时，应尽量利用建筑物内的防烟楼梯间、封闭楼梯间、有外窗的通廊、避难层等设施。寻找逃生路线时，向下不向上。平时注意进行避难逃生训练，预先熟悉逃生路线，掌握逃生方法。

15. 娱乐场所着火

由于影剧院、歌舞厅、卡拉 OK 厅四壁和顶部有大量的塑料、纤维等装饰物，一旦发生火灾，将会产生大量有害烟雾，引起窒息，危及生命安全。所以，少年男生们最好不要进入娱乐场所。

暑假，初中二年级的小强去某歌舞厅唱歌，突然发生了火灾，由于安全门被堵塞，无法逃生，小强吓哭了，在危急时刻，他看见了厕所，便跟着几个人进去了，紧闭厕所门，与另外几个人朝门上洒水降温，堵住了浓烟的侵入，等到了救援人员。

（1）观察娱乐场所里的安全门位置与空间结构。进入娱乐场所后，不能只是想着娱乐，还应该想到生命安全问题，查看一下安全出口的具体位置、逃生通道、消防器材的具体位置、楼层的高度与房间布局等。

（2）不能冒失跳楼。娱乐场所着火后，如果安全出口被堵塞，这时应该选择其他逃生途径，必须通过窗户逃生时，不能直接跳下去，应该用窗帘、地毯、衣服等卷成长条，制成安全绳，用于滑绳自救，绝对不能逞能直接跳，以免发生不必要的伤亡。

（3）正确逃生。火势增大时，在逃生过程中，应尽量避免大声呼喊，防止烟雾进入口腔。可以将用水打湿的衣服，捂住口鼻，一时找不到水时，可用饮料、尿液来打湿衣服。同时，应该采用低姿行走或匍匐爬行，在穿越烟雾区时，要以毛巾、口罩、床单、衣服作为临时的空气“过滤器”。如条件允许，还可向头部、身上浇些凉水，用湿衣服、湿床单、湿毛毯等将身体裹好，穿越浓烟区。应特别注意的是，在穿越烟雾区时，即使感到呼吸困难，也不能将毛巾从口鼻处拿开，因为一旦拿开，就有可能吸入有害气体而中毒昏迷。如果逃生通道被大火和浓烟堵截，一时又找不到辅助救生设施，只有暂时逃向火势较小的地方，如阳台、卫生间、水房或楼顶，同时向外发出求救信号，等待消防人员营救。

(4) 互相帮助，有序撤离。娱乐场所里的青年人比较多，身体素质好，可以互相救助，不能互相拥挤。记住一条，“挤”死路一条，“让”才能生还，大家一定要有秩序，才能形成合力，想出更多的办法，安全脱离火场。

娱乐场所着火时，遇到里面有长者、妇女、孩子时，要优先让他们出逃，这是最基本的素养。

16. 困在电梯里

随着社会的进步和发展，电梯应用的范围越来越广，随之而来的是出现事故的报道也越来越多。少年们，当你遇到电梯坏了的时候，想过怎么面对吗？

14 岁的小兵家住 15 层，一层的叔叔家有只可爱的小狗叫毛毛。毛毛是这个小区的狗明星。因为它善解人意，特别聪明。它还有个特别的本领——自己乘电梯。每当家里有好吃的，小兵就把毛毛带上电梯和他一起回家吃，吃完后，小兵把毛毛送上电梯，按好楼层，毛毛自己坐着电梯就能回到一层的家了。

这天下午，小兵喂饱了毛毛，帮它叫了电梯，等待的时候，小兵听到了电梯似乎有异样的声音，电梯门打开的刹那，毛毛就进入电梯了。小兵有过一丝犹豫，但还是顺手按了一层。

瞬间，小兵再次听到了一种直线下降的声音，他有种不祥的预感。果然，电梯底部传来了剧烈的撞击声。小兵顺着楼梯，跑到一层，大家正在议论电梯失控坠入底端的事情。因为电梯故障，楼下的居民都无法上楼了。当维修人员确认此次事故没有人员伤亡，只有一只狗死掉的消息后，小兵很伤心。

（1）镇定最重要。如果电梯突然停下，首先不要惊慌，可利用电梯内的对讲机或手机，迅速拨打电梯维修单位的服务电话求助。也可通过大声呼救等方式向外界传递被困的信息。

（2）自我保护。如果运行中的电梯突然下坠，可从下至上把每一层按键都快速按下，选择一个不靠门的角落，要使整个背部与头部紧贴不靠门的内墙，呈一条直线，运用墙体作为脊椎防护。电梯坠底前，膝盖弯曲，身体呈半蹲姿势，尽量保持平衡，借用膝盖弯曲和踮脚姿势来承受重击压力，加大缓冲。

（3）文明、安全乘坐电梯。不要用手或身体强行阻止电梯门开合，不要在电梯内蹦跳，不要对电梯的按钮“发飙”，不能用脚踹轿厢四壁或用工具击打等。

（4）不能逞能冒险。被困于电梯里时，不能急躁，要控制好情绪，不要强行扒门，更不能试图从厢顶的天花板爬出，因为这样会从一个危险环境中进入另一个危险的环境中。

乘坐电梯要做到“七不”：一不顶着电梯门；二不随便按应急按钮；三不在电梯内乱蹦乱跳；四不要相互推挤；五不乘坐“超龄”电梯；六不乘坐不符合使用标准的电梯；七不乘坐超员电梯。

17. 放风筝

放风筝在古代就很流行，是少年们户外活动的一种好方式。放风筝能使人情绪开朗、心情愉悦、消除内心杂念。由于需要盯着风筝看，双眼面对蓝天，能消除眼肌疲劳，调节和改善视力，预防近视。据说对颈椎也有好处。

春天的一个周日，风和日丽。小学六年级的小勇和同学们约好到广场放风筝。他们放飞的是“机器猫”，随着越放越长的线，“机器猫”越飞越高，引得大家纷纷驻足欣赏。几个小伙伴觉得特别有成就感，“倍儿爽”。

春天的天气晴朗，风却越刮越大，特别是在空旷的广场。一阵劲风过后，“机器猫”摇摇晃晃，小勇和同学们不停地调整着线的长度，想稳住风筝。突然，风筝线断开，“机器猫”像“喝醉了”一样，迅速跌落下来，眼看着可怜的“机器猫”挂在了树枝上。大家跑过去一看，树的旁边有座假山，小勇毫不犹豫地爬上了假山最顶端的一块石头上，奋力一跃，跳到了树上。正当大家高兴能找回风筝时，小勇却连同树枝和风筝一起重重摔在了地上，起不来了。

大家赶紧联系家长，把小勇送进医院急救，拍片后，医生说小勇小腿骨折，需要住院治疗。

（1）预防触电。放风筝时，要远离电线，特别是高压线，以免造成触电。风筝落到高压电线或变电器等电力设备上时，不能擅自去取。应尽快向电力部门寻求帮助。夏天阴天时，最好不放风筝，以免发生触电事故。

（2）选择安全地域，谨慎慢放。放风筝遇强风时，勿徒手扯线，最好戴手套，要选择开阔、人少的地方，远离道路、油库、人群密集的地方。放风筝比较适宜的地方是海边、郊外等地方。拿着风筝控制滑轮时，无论是前进倒退，还是向左向右，都要注意安全，不能顾前不顾后，以免发生意外事故。

（3）及早躲避。放风筝时，遇到行人和车辆要及早避让。如发现风筝往下落，控制不住时，不要绷紧线，而要放线，让风筝慢慢下落，避免伤到行人，避免干扰机动车行驶。遇到别人放风筝时，要站在安全距离内观看。通过放风筝的路段时，要注意观察风筝线，以免发生意外。

（4）看风速。当风力大于 3 级时，因为风力较大，尤其是空中的风速更快，就不宜放风筝了。

放风筝的时候，不要选择雾天、阴天或雨天，因为光线太暗，眼睛会很累，易导致近视的发生。

18. 放鞭炮

无论是过年过节、结婚嫁娶，还是进学升迁，抑或大厦落成，商店开张等，只要是为了表示喜庆，人们都放鞭炮来庆贺。这个习俗在中国已经有数千年的历史了。但是，燃放鞭炮也给人们的生活带来了很多危害。例如，造成严重的空气污染、噪声污染等，有时候爆炸还具有很大的危险性。

小瑞上小学五年级，大年初五早上，他到外面放鞭炮，发现一个鞭炮没有响，便跑过去拿起来看。

“砰！”突然一声响，小瑞下意识地捂住了眼睛。妈妈赶快把小瑞送往医院，原来是那个没有响的爆竹突然爆炸，爆竹皮的纸屑崩到了他的眼睛里，导致眼角膜被划伤，影响了视力。

（1）远离易燃易爆物品。燃放鞭炮时，务必要预先观察，这是保证安全的前提，千万不能有侥幸心理，更不能冒失，仔细看一看四周有无易燃易爆物品。如柴草堆、煤气罐、油库、化工厂、仓库、沼气池、汽车等，如果有，要尽快远离，到安全距离以外燃放。

（2）安全燃放。放鞭炮时，要将鞭炮挂起来，或放置在安全的空地上，绝对不能逞能用手拿着燃放，有一些鞭炮会在极短的时间内燃爆，十分危险。燃放前，注意观察周围有没有人群、经过的汽车、宠物等，如果没有，再按照要求，小心燃放。如果有情况，要等一等再放。放鞭炮的时候，尽量远离爆炸的鞭炮，不要因为好奇或逞能，靠得太近。另外，对于特别响的鞭炮，要注意捂住耳朵，保护自己的听力。对于没有响的鞭炮，不要急着拿、急着看，最好等 5 分钟以后，用水浇一浇，安全处理掉。

（3）不乱放。放鞭炮是件很高兴的事，需要认真操作，管好自己的手，否则会发生乐极生悲的事。一是不能往下水井盖里扔鞭炮；二是不能往汽车上扔鞭炮；三是不能往人身上扔；四是不能朝小动物身边扔；五是不能往沼气池里扔；六是不能往墙的另外一面扔。

少年要带头遵守燃放规定，不要燃放超大的鞭炮，更不能冒失地去观察没能燃爆的鞭炮。

19. 陌生人问路

少年们回忆一下，出门在外时，问路及被问路的经历想必你们都遇到过吧！当你向别人问路时，心中是否也有一些小心翼翼呢？当别人向你问路时，你是否会对对方多一些防范呢？

小康上小学五年级，今天他写完了作业，在家门口和伙伴们玩。这时过来一位不认识的阿姨，微笑着问他公园怎么走？几个同学一起热心地为阿姨指路。

阿姨看着小康，和蔼可亲地说："小同学，我看你最热情，我的公公得了老年痴呆症，刚才有人给我打电话说在公园看到了老人，让我过来接他。可是我对这里也不熟悉，你能不能带我去找老爷爷呢？"小康点头答应，这时过来一辆出租车，阿姨带着小康就准备上车，其他同学看到后，马上拽住小康，说不能和不认识的人上车。安全第一，做好事也要有原则，必须回家告诉家长。阿姨见情况不对，立刻坐上出租车走了。

(1) 学会保护自己，坚决不带路。遇陌生人问路，热情回答是应该的，但是要学会保护自己的安全，时刻保持警惕性。只要不离开原地，可以详细指路，但就是不能给陌生人带路。

(2) 机智摆脱，防止纠缠。如果陌生人纠缠，不要过于热情，要在保持安全距离的前提下，巧妙地把陌生人引荐给家长、老师、邻居、警察、小区保安、服务人员、路人等，这样既摆脱了陌生人，又保护了自己。

（3）敢于报警，以防不测。如果遇到的陌生人形迹可疑，不怀好意，实施着以问路为幌子的诡计，要保持镇定，看准时机，大声呼喊路人帮助，或打电话告诉家长、老师，也可以打电话报警。

（4）不吃东西，不被“忽悠”。陌生人问路时，给你吃的、喝的、玩的、闻的、看的，要坚决拒绝，以免中招，落入陌生人布置的陷阱。如果陌生人夸赞你，要保持冷静，不能被陌生人的花言巧语“忽悠”了。

少年们可以建议问路的陌生人开启手机定位搜索模式，在没有家长或同学的陪伴下，自己一个人面对陌生人问路，最好减少接触时间。

20. 遇到“美人计”

美人计，出自古代的一本叫《三十六计》的书中，意思是对于用军事行动难以征服的敌方，要使用“糖衣炮弹”，先从思想意志上打败敌方的将帅与士兵，使其丧失战斗力，然后再进行攻取。

暑假，爸爸带着15岁的小亮去外地旅游。他们选择了坐高铁，这样既可以沿路欣赏风景，还可以好好休息一下。来到火车站的候车室，老爸内急，嘱咐小亮看好行李。小亮嘴上答应着，却光顾低头玩微信了。

“小帅哥，几点了?”忽然间，小亮的耳边传来甜美的声音。

小亮抬头一看，眼前的姐姐无论是穿着，还是长相，都是美女级别的。此时，小亮听美女姐姐嘴里嘀咕：“这么晚了，也不来接我……”

小亮不解，这时姐姐说：“小帅哥，我的手机没电了，这么晚了，我男朋友还不来接我，我想借你的手机给他打电话问问。”

小亮毫不犹豫地把手机递给了“美女”，姐姐的电话打通了，姐姐边打电话边往车站外面走……

过了一会儿，老爸回来了，小亮才缓过神，手机被漂亮姐姐拿走了，一切都晚了。父子俩赶紧报了案。

(1) 守住底线。少年男生正值青春期，对异性已经有了朦胧的好感意识，容易被吸引。要保持清醒，客观地对待异性，不能丧失警惕性，做人要有底线。

(2) 不被美女迷惑。对突然出现的热情、温柔、卖弄的“美女”，要保持高度警惕性，不能把“魂”丢了，要保持距离，不为所动，找借口离开，以免陷入其中，招致祸端。

（3）不去不该去的地方。少年男生是未成年人，有些地方不能去，特别是歌舞厅、网吧、洗浴中心、按摩室等地方。理发要去正规的理发店，不能随意进入发廊，进入发廊要特别当心，不要被“美女”理发师迷惑，因为有的“美女”理发师不是理发师，而是干着别有目的的行当。

（4）管好自己，洁身自好。少年男生要擦亮眼睛，遇到“美女”献媚时，不贪图占便宜、得好处、求艳福，要警告自己可能是“陷阱”。帮助“美女”时，要把握一个度，量力而行，最好有同伴可以相互印证。

如果不幸中了“美人计”，不要害怕、隐瞒、执迷不悟，要立刻告诉家长、老师，或报警，寻求保护，从而使问题得到解决。

五、校园生活

1. 体育活动

体育活动是锻炼身体，增强体质的重要课程。体育课上的训练内容是多种多样的，男生们都喜欢上体育课。体育课设置的科目动静结合，大多数科目具有运动性、激烈性、对抗性、开放性，要求男生遵守规定，这样既能锻炼身体，又安全、开心。

中考在即，小麟不想放弃体育的满分成绩，所以，他有时间就练习体育必考项目——实心球。

冬天的傍晚，天刚擦黑，小麟来到操场空地又练上了。就在他用力推出实心球的瞬间，一个“人影”出现了，偏巧落地的实心球借助惯性滚落到“人影”脚下，“人影”轰然倒下。

小麟赶紧跑过去，发现是个低年级的学生着急上厕所，没有注意观察周围的情况，以致被重重的实心球绊倒，还扭伤了脚踝。

（1）检查衣服，保证安全，没有危险物品。进行体育活动前，要仔细检查衣服，特别是上衣、裤子口袋里不要装钥匙、小刀、指甲刀、手机等坚硬、尖锐、锋利的物品。胸前不要佩戴金属或玻璃装饰物，以免发生意外。戴眼镜的男生要事先判断活动中眼镜是否会伤害到自己，或损坏眼镜。如有必要，提前取下眼镜，妥善保管，再进行活动。

（2）服从老师的指挥，不能擅自活动。一些体育活动很激烈，对抗性强，带有一定的危险性，有时需要器械、工具等，少年男生要按照规定进行，要有时间观念与纪律性。对于不熟悉的训练科目，务必详细向老师了解正确的使用与操作要领，特别是要注意遵守安全与注意事项。

（3）不能逞能，也不能粗心大意。在体育活动中，需要借助专用的器具与器材时，必须要在指定地点练习，有专人看护、指导，训练时不逞能、不玩花样、不存有侥幸心理。坚持一个原则——只要使用器材、器具，就必须经过老师准许或老师在场。

（4）随时感觉身体情况，健康第一。在体育活动中，如果感觉有任何不适，务必立刻中止活动，及时告知老师，或给家长打电话。体育活动结束，不要立即停下来坐、卧、躺，要做好放松运动，深呼吸或慢走，使心脏逐渐恢复平静。不要立即洗澡、喝冷饮，因为这样会使毛细血管突然收缩，不利于散热，容易感冒。

在体育活动中，涉及的人多、器材多，务必严格遵守规定，自觉执行很重要，不能犯自由主义，不能存有侥幸心理。

2. 课间活动

安静、踏实、无忧地在美丽的校园里学习、生活是少年男生们共同的心愿，老师、家长的最大心愿就是让学生们快乐、平安地在校园里度过每一天，健康成长。

其实，平安快乐并不是简单的事，而是需要少年男生共同努力与付出，需要少年男生都有自觉性，能管好自己，能约束自己，自觉遵守校园的规则。

下课铃声刚刚响起，初一（2）班的同学们就跑出了教室。虽然刚开学，老师多次强调过课间纪律，可是小刚却不放在心上。他喜欢一下课就从二楼的楼梯扶手处像滑滑梯一样，瞬间滑到一楼，永远是第一个落地的人。今天，他还是不例外，可是这次他却没有以前那样幸运了。因为后面的同学一直在和他动手打闹，小刚坐在扶手上滑动的同时，后面的同学推了他一把，导致身子不稳，失去了平衡，一只腿卡在栏杆的空隙处，身体悬空。同学们尖叫着把他“救”了下来。到医院检查，发现小腿骨折了，整条腿都打上了石膏。

“伤筋动骨一百天”，小刚在家休养了一个月后，为了不再耽误学习，每天由爸爸开车到校接送，把他背上二楼的教室。小刚的班级也因为这次事故被校长点名批评，还取消了先进班集体的荣誉，得不偿失。

（1）遵守规定，管好自己。学校是集体学习的场所，需要良好的秩序，无论是上课还是下课，都要自觉遵守规定。课间活动时，通过过道和楼梯间时，不要拥挤、打闹，更不能做恐吓同学的恶作剧，防止拥挤、踩踏等事故的发生。课间运动要适度，不要太剧烈，不要追逐打闹，不要争抢（独自占用）体育器材，避免撞伤或摔伤。课间文明休息，才能保持课堂精力的旺盛。

（2）不玩危险品。课间休息时，不要玩耍小刀、仿真枪、弹弓、飞镖、遥控飞机、遥控汽车等，因为稍有不慎，就会伤及自己和其他同学。另外，学校有规定，学生不能把管制刀具、危险玩具带入校内。

（3）不逞能玩器械。学校里的运动器械多，一定要正确使用，一些特殊的体育设施、器材有一定的危险性，在没有保护措施的情况下，不要在秋千、双杠、单杠、滑梯、鞍马、吊环等设施上做危险动作，以免摔伤。

（4）远离危险区域。现在一些学校的基础建筑多，工人多，机械设备多，建筑材料多，务必远离学校的建筑工地，不要到危险区域内玩耍，不要有好奇心，不要看热闹，不要摸电器设备。

（5）听从老师指挥。课间休息时，如有校外陌生人邀请外出，不要轻信，以防被骗。必须向老师报告，请老师来处理。如果遇到暴恐事件，要保持镇定，听老师的话，集中到指定的安全地域，不能乱跑。

（6）文明如厕。课间及时去厕所方便，如厕时，不要慌张、拥挤、嬉笑打闹，一是防止地滑摔伤；二是预防拥挤、踩踏事故发生；三是健康的要求，如厕时，需要安静，保存气力与体力，这样才不至于伤害身体。

（7）理智处理纠纷。课间同学们活动时，难免会遇到矛盾与纠纷，要及时报告班主任或任课教师，把矛盾化解在萌芽状态，防止矛盾激化，绝对不能发生打架斗殴事件。

课间活动必须自觉做到教室里轻轻走，走廊上慢慢走，上下楼梯靠右走，卫生间里文明如厕。课间活动文明游戏，不随便进入专用教室，不去活动范围以外的地域。

3. 午间吃营养餐

男生正处在长身体的关键阶段，营养吸收的好坏直接影响着少年们的身体健康与发育，午间的营养餐是否安全、是否卫生、是否真的有营养、是否适合自己，对于男生来说十分重要，因为身体生长需要安全、卫生、营养全面的食物，不可小视午餐问题。

初中学生小泉因为中午家里没有人照顾，就在学校外面的小饭桌就餐。一天午饭后，阿姨给他们每个人发了一块小点心。当时小泉觉得点心的颜色有些奇怪，颜色发绿。他以为是点心的小装饰，没多想，随口吃到了嘴里。下午上体育课时，他开始肚子疼，不停地往厕所跑。

体育老师把他送到校医务室，医生说是中午小泉吃的点心变质了，吃坏了肚子，嘱咐小泉，食物上的绿色不要盲目吃，很有可能是滋生的细菌。

（1）管住嘴，吃放心的食物。中午饭非常重要，一定要吃好、吃饱、吃得有营养，如果学校有午餐，应该在学校吃。如果学校没有午餐，最好回家吃。如果家长上班，无法解决午餐问题，尽量带饭，或到学校门口的正规饭馆吃饭。不能在没有卫生许可、没有营业执照的小餐桌或小摊贩处进餐。

（2）顿顿消毒，保证餐具卫生。餐具使用频繁，容易接触被污染的东西，如果消毒不及时、不彻底，就很容易滋生细菌与病毒。所以，必须坚持餐前消毒，餐后清洗，平时加强保管，单独使用，不与同学或他人混合使用。

（3）必须吃放心、安全的食物。无论在什么地方吃午餐，都要把握三个原则：一是对食物的选择要细心，保证新鲜、卫生；二是入口前要观察食物，发现食物异常或变质时，坚决不吃；三是看食物的操作与运输过程，如果发现有被污染的迹象，最好换一家餐馆。

(4) 不挑食、偏食。少年男生正在长身体，需要的食物多、杂，食物含有的营养要丰富。所以，不能挑肥拣瘦，更不能偏食，以免引起营养失衡，导致发育不良。

(5) 文明、卫生进食。吃饭时，要保持安静，不要大声喧哗，更不能嬉笑打闹，要养成饭前洗手的好习惯。要保持好心情，快乐进食。

午间营养很关键，要科学合理安排饮食，保证摄入量的充足，不能只凭口味来选择食物。要健康还是要口味呢？少年男生应该好好思考。

4. 适时增减衣服

四季更替会给少年的生活带来丰富多彩的体验，面对冷暖交替的气候，如果没有父母的叮嘱，男生能安排好自己的穿衣吗？可以照顾好自己吗？

小松上初中后，开始了住宿生活。每年入冬后，爸妈就嘱咐他要多穿衣服，别着凉感冒，每次小松都嫌父母啰唆。

今年冬天，他在校住宿，爸妈就管不着啦，小松窃喜。周日，小松没有回家，和同学约好下午1点去图书馆查资料。看着外面晴朗的天气，小松觉得暖暖的，他只穿了件单夹克，就急急忙忙地从宿舍里跑了出去，也许是见到同学兴奋，也许是冬日的正午太阳暖和，也许是没有父母的管束，他觉得很自由，总之，一点儿都不觉得冷。一个下午在图书馆度过得很充实。

从图书馆出来时，已经到了傍晚，气温骤然下降，小松冻得开始发抖了。这时，他才后悔没有带件厚衣服出门。到了晚上，小松开始发烧、咳嗽，只好请假回家休息。这次回家，爸妈唠叨他，他只有低头默认了。

（1）了解生活常识，及早准备。温度在27℃以上，属于比较热的天，穿一件短袖即可。温度在20℃～26℃，气候舒适，穿一件长袖衬衫或T恤即可；温度在10℃～20℃，气候偏冷，穿一件长袖，外加一件外套出门即可。温度在1℃～10℃，气候很冷，这时穿一件长袖与一件针织背心，外加一件厚点的休闲外套或毛衣即可。温度在0℃以下，气候寒冷，这时需要穿上长袖衣服、长袖毛衣、羽绒服（棉衣、皮衣），如果下雪、风大，就要戴上帽子、手套、围巾，认真保暖。

（2）养成听天气预报的好习惯，随时准备好增减换的衣服。少年男生学习任务重，闲暇时，可以听一听天气预报，根据温度变化情况，有无雨雪风，昼夜温差变化情况，预先把增减的衣服准备好。

（3）锻炼自己，不断提高生活能力。少年男生应寻找锻炼自己的机会，增减衣服就是其中的一项生活技能，通过总结、积累，逐渐找出适合自己的增减衣服的规律，不给家长添麻烦。

（4）灵活应变，随时增减。男生平时的活动多，一会儿户外，一会儿室内，温差比较大，要根据温度变化情况、环境情况、运动剧烈程度、身体状况，及时增减衣服，确保身体健康。

养成自觉增减衣服的好习惯，学会照顾自己从适时增减衣服开始，进出房间应根据温度情况，适当增减衣服。

5. 打扫卫生

学校就像家一样，干净整洁的学习环境，不仅让少年们感觉舒适，就连学习的心情都会变得轻松。

学校教室的卫生环境需要每一个少年的付出和努力来保持，所以，定期对教室进行大扫除必不可少，在做大扫除时，少年们该如何做呢？

放假前夕，老师让同学们做卫生扫除。木子负责拖地，因为教室离水房比较远，这次木子想了个好主意，他从家里带了一个塑料水桶，接满水之后，把水桶提进教室，这样就省得一次次往水房跑了。

他悄悄地把水桶放在窗户下面，完全没有注意到正在擦玻璃的小娜。小娜擦完玻璃，跳下窗台时，一脚踩到了水桶，一桶水洒了满地，小娜也摔倒了，疼得哭了起来，被送往医院检查，发现扭伤了腰，需要卧床休息数日。

（1）注意安全。打扫教室卫生时，少年们应该按照班主任的要求，明确工作职责，认真彻底打扫，出色完成自己所负责的工作。不能在打扫卫生时追逐、打闹、嬉戏、奔跑、突然开玩笑等，要时刻保证自己和别人的安全。

（2）文明打扫。打扫卫生期间，要讲文明，节约用水，不乱倒水，不乱丢垃圾，不猛挥扫把，以免造成尘土飞扬。倒垃圾时，不要让垃圾掉在途中，要将垃圾倒在垃圾车（池）内。要爱护劳动工具，注意保持已经打扫完的区域卫生和个人卫生。使用拖把拖地时，要及时清洗，拖完地面后，将脏拖把清洗干净，脏水要倒入厕所或下水道里。

（3）不干危险的活。打扫卫生时，如果认为很危险，可以不干，告诉老师即可。发现安全隐患或特殊的情况，要及时报告老师。最好远离电灯、电线、插座、投影仪、变压器等电器设备。

（4）互相保护。如果有其他同学站在桌子上擦玻璃或做其他事，旁边的同学要注意保护，不能视而不见。如果有女生在场，男生要多干点，保护好女生。

（5）不能一心二用。打扫卫生时，不能走神，要集中精力，观察教室的情况，预防突然的危险发生。

看似平常的小事也存在着安全隐患，生活处处皆学问，干净整洁的学习环境，需要男生用安全的意识和智慧的头脑共同来创造。

6. 做实验

实验激发了男生的学习兴趣，加深了对各种概念和规律的理解，还能培养少年们的观察能力和独立实验的技能和技巧。其中的奥妙和乐趣是男生乐此不疲的。

充满期待的实验带给少年更多的见识和乐趣，但是一旦操作失误，也会带来烦恼或伤害，所以要引起重视，不能马虎。

一天上午，初三（3）班上实验课，老师在实验室给同学们讲解粉尘的产生与危害。张恒和马轩我行我素，偷偷地点燃了酒精灯，把扣面粉的塑料桶烧了个洞，发生了小爆炸，两人躲避不及，被洞里喷出的面粉喷了一脸，成了“面人”。

老师见到他们狼狈的样子，严肃地说：“这要是真爆炸，你们就被毁容了。”两人听后，羞愧地低下了头。

（1）遵守实验规定，熟悉情况，认真准备。进入实验室时，一定要仔细阅读实验室规定，换好实验服，同时把实验服的扣子扣好，不能敞开。按照实验要求，做好实验前的各项防护准备工作。

（2）听老师的话，不随意操作。实验室里的东西多，情况复杂，必须认真听老师讲解实验要求和注意事项，不能随意操作，不得做与当天实验无关的事，坚持认真规范的实验态度，操作要讲程序，一步一步地进行，不能图省事，要仔细观察、记录，认真分析实验数据。

（3）清除危险隐患。在实验过程中，要保持桌面整洁，及时清理废液和固体废弃物，公用器皿和试剂及时归位。使用混合试剂时要谨慎；使用火时要缓慢；使用酸碱时要轻稳；使用电时要注意绝缘。

（4）善始善终。实验结束后，及时清洗干净用过的玻璃仪器、器材，整理好自己的实验台，恢复原样，同时写好实验日志。

实验室是一个特殊的地方，很多实验用品都需要小心拿放，只有严格遵守实验室的规定，才能确保人员财产的安全。食品饮料包装不要扔在实验室的垃圾桶中，不要湿手触摸带电物品。

7. 学校运动会

运动会是男生展示自己的舞台，能够真实地检验自己的体能水平。运动场上的比拼，能够看到男生自身的坚强、勇敢的拼搏精神，看到同学的精彩表现，增强集体凝聚力。

秋天，某初中学校如期举行了田径运动会。一名初二的男生跑到跑道上给同学助威，但躲闪不及，不幸被运动员的钉子鞋踩在了脚上，伤得很严重。

（1）无条件地听从老师和裁判员的指挥。运动会人多，各种比赛项目紧张激烈，需要男生自觉遵守纪律，按照规定就座，不乱跑、不乱喊叫。比赛期间，与比赛无关的人不得进入安全警示范围，不得在跑道上逗留或横穿跑道，不得站在赛区内影响比赛，更不得干扰运动员比赛，危及运动员的安全。

（2）管住自己。非运动员在运动会期间，务必要文明观看比赛，不得擅自离开观看场地，严禁贸然闯入比赛场地内观看、拍照、接人、带跑、献花、送水（食品）等。

（3）不围观。运动会上，一旦出现运动员摔伤等突发情况，不要跑上去围观，要保持安静，由现场医务人员进行处理。

（4）保护身体不受伤。比赛前，参加比赛的少年男生应按要求点名、检录，适时穿好服装和鞋子，不穿带有金属徽章、尖利或硬质物体的运动衣，防止发生意外。上场前，要充分热身，避免运动时受伤。

（5）集中精力，不分心。运动场上人多杂乱，需要集中精力，认真听广播，不能错过检录时间，耽误比赛。

（6）通过正当途径反映情况。遇到与运动员、裁判员有纠纷问题时，不要争吵，要逐级反映情况，使问题得到正确解释与解决。

遵循“友谊第一，比赛第二”的原则，不要过于计较成绩与名次，运动员之间不能相互斗气。

8. 鼻子出血

鼻子出血的原因有很多，少年男生们要正确认识，既不能过度惊慌，也不能麻痹大意，忽视鼻子出血的问题。

放学后的操场上，小学五年级的小忠和同学们在踢足球。这是大家都喜欢的运动，斗智斗勇，还得讲战术配合。

“嗖！”对方球员一个远距离射门，小忠赶紧跑过去用头顶，由于救球心切，判断不准，球正好砸到了小忠的鼻子。顿时，小忠的鼻子鲜血直流。同学们赶紧帮忙，找纸的、接水的乱作一团。在老师的帮助下，大家找来毛巾、干净的凉水，把毛巾浸湿，放

「鼻子出血」

在小忠的额头上冷敷，不一会儿，血就止住了。

（1）避免外伤，保护好鼻子。学校里同学多，活动多，稍微不注意，就容易发生身体接触，甚至碰伤鼻子，导致出血。所以在校内活动时，要注意安全，稳稳地走路，不能毛毛躁躁地行走，拐弯处、上下楼梯、进出门、进出卫生间、礼堂、食堂等，都要小心。

（2）遵守校规，不打架斗殴。鼻子出血与外伤有直接的关系，男生在学校要遵守纪律，互相帮助，不能因为一点小事就动手打架，更不能没有轻重地“闹着玩”，也不要过分地开玩笑。

（3）保持镇定，放松身体，减轻压力，想方设法止血。采取半坐姿势，头前倾，防止血流到口腔，可以用冷水淋洗额头、鼻子周围，能起到止血的效果。如果左鼻孔流血，可以用左手掐紧右手的大拇指根部；如果右鼻孔流血，可以用右手掐紧左手的大拇指根部，止血效果明显。如果出血不止，可以用凡士林纱布卷塞入出血的鼻腔内，切忌不可用脏布直接塞入鼻孔，否则会引发感染。如果感到情况严重，要立刻告诉老师，或去找校医治疗。

（4）流鼻血不能麻痹大意。出血的原因可能在鼻孔，也可能在全身。如外伤、肿瘤、鼻腔炎症、贫血、鼻息肉、鼻溃疡、白血病、血小板减少、高血压、急性传染病、维生素缺乏甚至是各种中毒等都可以引发鼻出血。

男生们要正确认识鼻出血，鼻子经常反复有出血现象时，不能忽视，要及早告诉家长、老师，及早去医院诊治。

六、外出旅游

1. 失联

外出旅游中，特别是进入热门旅游景点时，人流量大，人群拥挤，加上对地理环境不熟悉，很容易与家人或团队失去联系，如果真的遇到这样的情况，你会怎么做呢？

8 岁的毛毛在“十一”长假期间与爸妈去外地旅游。路上景色宜人，一家人欣赏不够。准备去看动物表演时，导游交代好了集合的时间、地点，大家便纷纷走向表演场地。

毛毛吃着水果，看着憨态可掬的大象，可高兴了。可是表演结束后，游客太多了，毛毛和爸爸被挤散了。找不到爸爸怎么办呀？妈妈安慰他说不用急，给爸爸打电话，谁知因为人声嘈杂，爸爸没有听到电话。怎么办？集合的时间快到了，妈妈也着急了，毛毛急哭了……

正在这时候，广播里传出了毛毛的名字，让毛毛和妈妈返回大象表演的地方，爸爸在那里等他们。

原来，爸爸找不到毛毛他们母子，急中生智，想出了广播找人的主意。一家人终于团聚了，并在规定的时间内赶上了旅游团队。

（1）保持镇定，思考对策。发现与家人、团队失去联系后，不能慌乱，要稳定情绪，积极、认真地思考对策，因为办法总比困难多。想一想预先说好的联系方式，想一想对方的电话，想一想集合地点……

（2）请求广播找人。只要是正规的旅游场所，一定会有一整套寻人的办法，立刻去问询处求助，或去广播站通过广播寻找，把要找的人告诉工作人员，通过广播很快就能找到失去联系的人。

（3）大胆向工作人员求救。景区里的工作人员多，找不到要找的人时，就主动、积极地找工作人员、志愿服务者，把情况向他们说清楚，寻求他们的帮助。情况紧急时，可直接拨打 110 报警。

（4）不乱走动。与家人、团队走失后，如果一时无法联系上，要立刻回到最初走失的地点，保持高度警惕性，待在安全位置不动，认真寻找，仔细听声音，把手机拿在手上，声音开到最大，等待消息。

（5）发送特殊的信号。站在相对较高的地点，挥舞特殊的物件，引起正在寻找你的亲人的注意。如挥舞帽子、红领巾、雨伞、毛巾、旗子、树枝、包等。人群中，看见正在寻找你的人时，立刻高声呼喊。

在不熟悉的地域走失，如果随意走动，容易造成再次走失。失去联系后，最好的办法就是原地等候，保持镇定，认真观察，仔细听声。

2. 迷路

旅游最担心的事情恐怕就是迷失返回的路，不知道怎么走，正确的方向在哪里？如果能对这样的意外有提前预设和防备，掌握一定的野外生存技能，即便是迷路，少年男生也会变得轻松些。

14 岁的小铁上初三了，暑假他带着 6 岁的小弟弟在海边的玩具店看滋水枪。妈妈说让小哥俩先挑选着，一会儿一起去海边游泳。

可是，过了一会儿，小铁就把妈妈的话给忘记了。他领着弟弟被眼花缭乱的玩具吸引了，不知不觉地沿着商店走廊走了出来，才发现不是刚才的地方了。

四周人来人往的，不见了妈妈。小铁赶紧带弟弟沿原路返回，可是他很快发现，海边的商店大同小异，所有的场景也没有太多差别，绕来绕去，他们始终无法回到原地。

放眼望去，海边人头攒动，小铁开始回忆那家商店的特点，好不容易找到一家却不是。无奈，他带着弟弟不知道走了多久，弟弟渴了，小铁身上既没有钱，也没带手机，不知道怎么办。弟弟急哭了。哭声引来了海边的工作人员，小铁说明情况后，工作人员帮忙拨打了妈妈的电话。

（1）保持冷静，利用电话寻找。一旦迷路，一定要冷静，可以拿出手机拨打家人或是导游的电话，取得联系。

（2）借助高科技产品。外出前，可以用手机下载一个百度地图或高德地图，在路线栏输入起始点，即可找到正确的返回路线。

（3）随机呼喊。迷失返回的路线后，不要着急呼喊，先看看有无路人，如果有路人，再开始高声呼喊，引起路人的注意，也许能得到路人的帮助。

（4）回忆开始的方向点。找不到返回路线后，要先冷静下来，回忆一下进入这片地域前的大体方向，确定后，朝相反的方向走，就能走回去。白天判断方向，可以看太阳的方位（东升西落）；夜间判断方向，可以看“北斗星”“南极星”，确认大致的方向。在山地迷失方向后，可先登高远望，根据太阳或远方的参照物，如村庄、水库、公路、塔、独立树等，判断应该朝什么方向走。如果因为植物茂密判断不准方向，可观察树皮粗细、枝叶茂密与稀疏情况，或爬到高处寻找远处的参照物，大致确定前进方向。

（5）观察、记忆。进入活动地域时，不要只想着玩，要先看四周的情况，记住一些标志性的建筑、树木、山丘、石碑、庙宇、塔，或景区的标牌指示，储存在大脑中，加深记忆。一旦迷失了道路，仔细回忆一下刚才走过的路、见过的泉水、岩石、大树、河流、洞穴、山峰、岔路口等特殊方位物体，然后凭记忆寻找自己的足迹，退回到原来的路线上。不要心存侥幸，盲目去试着开辟别的路线，以免耗费体力。

（6）正确走法。如果确实找不到原来的路线，必须寻找新路线，可试着找一条河流或小溪，顺着溪流走，一般情况下，溪流迟早会把你引导出去，因为道路、居民点常常是临河而筑的。

发现自己迷路，保持镇定最重要，先不要急着走，要认真观察，寻找蛛丝马迹，一定能发现走过的痕迹。

3. 脚上磨出泡

脚上磨出泡是因为脚上的局部组织经过长期的强烈摩擦，引起的组织细胞破裂而产生的“水”泡。

具体原因：鞋子太硬、大小不合适、袜子太粗糙、鞋里进了杂物、地面有坚硬物、行走时间过长等。

暑假，初中二年级的小胜一家来到庐山游玩避暑。巍峨多姿的群山，大自然的巧夺天工，云山雾罩，如身临其境一般，让小胜体会到了庐山的大气磅礴。虽然是盛夏季节，可是庐山的气候冷热适宜，和闷热的北方比起来简直是舒服到家了。由于每天要走很多山路，爬台阶，小胜的脚后跟被磨出了泡。

其实，小胜自己知道，网上买的这双鞋平时穿着就有点磨脚后跟，可是他比较喜欢这双鞋，所以出来旅游时就穿上了。没想到伤了脚。为了不让伤口感染，这几天爬山的行程暂时被取消了，给他留下了很多遗憾。

（1）停止走路，查找原因。发现有了脚泡后，立刻停止走路，检查一下起泡的原因，如果是鞋不合适，立刻换适合自己的鞋。如果是袜子、鞋垫的问题，及时更换袜子与鞋垫。如果鞋里进了异物，要全部倒出去。如果是道路问题，则要选择新的道路。

（2）正确处理。一是用温热水洗干净脚与脚上的水泡；二是用干净的毛巾擦干净，保持脚的干燥；三是在水泡周围均匀涂上酒精消毒；四是使用专用的、经过消毒的针或剪刀将泡弄开个小口，放出液体，用干净的棉球擦干水泡周围。五是再一次用酒精涂抹刺开的水泡周围，对伤口周围进行消毒。六是用创可贴贴好。

（3）纠正不良走路方式。观察自己的走路姿势、着力点、速度等，走路速度不能过快，双脚着地不能“偏一侧”着力，行走速度保持均匀，步伐要平稳，全脚掌缓慢着地。

（4）学会保护脚。当日旅游结束后，如果有时间，不要马上上床睡觉，最好用热水泡泡脚，保持脚的卫生、血液循环顺畅。

不能用不干净的坚硬物体刺破水泡，也不能用脏物包扎破水的水泡，务必要保持破水水泡的干燥与卫生。

4. 晕船

外出旅游时，经常会遇到、看到、听到晕车与晕船的人与事。你有这样的现象发生吗？一旦发生了晕车、晕船，你知道该怎么办吗？

夏天，上小学的东东与爸爸一起去海边旅游。清晨，看完日出，爸爸联系了一条渔船，父子俩吃了早餐，随着渔民一起到深海区打捞鱼虾。

初次出海到深海区，第一次自己撒网捕鱼，东东很兴奋。船长问还要不要去往更深的区域捕捞，爸爸和东东表示同意。

船长加足马力开船，船越往深处走，海风越大，渔船也越晃动。忽低忽高的浪头推送着渔船来回摇摆，东东很快感到了眼晕，开始恶心，一阵阵呕吐……瞬间就没有了欣赏海景的好心情，也不能享受捕捞的快乐了。

（1）注意饮食。乘船、乘车前不要吃得太饱，也不能完全空腹，应适量吃些容易消化的食物。乘船、乘车中，最好不要吃东西，更不能喝酒。

（2）注意休息。旅游中，一定要休息好，特别是乘船、乘车的前一天，应保证充足的睡眠和良好的精神状态，不能过于兴奋与疲劳。

（3）注意着装。根据乘船、乘车的时间、温度、天气、人员、座位次序等情况，选择合适的衣服，不宜过暖，不能包裹得太严实，以防闷热，引起身体不适。

（4）遵照医嘱锻炼身体、吃药。旅游前，去医院咨询医生，在医生的指导下，进行适应性训练，同时备好一些防晕药物，适时服用，以作预防。

（5）民间偏方。乘船、乘车时，双手不断按摩肚脐，或在肚脐上放一片生姜。乘船、乘车前喝点醋，可减轻眩晕、呕吐症状。

（6）正确隔绝。一是视觉隔绝，闭眼休息，或戴黑色眼罩；二是声音隔绝，塞上耳塞，防止奇怪的刺激声音干扰；三是嗅觉隔绝，轮船、汽车上的各种味道皆可引起头晕，可以戴口罩，避免呼吸道受刺激。

（7）排空"二便"。乘船、乘车前，要排空大小便，不要憋着，以免引起胃肠的不适，情绪不稳，诱发头晕。

在船舱内如果太憋闷，不妨到甲板上去吹吹风。乘车时，可以坐在前面，打开窗户。不要在摇晃、颠簸严重的船上、车上读书、玩手机、看电视等。

5. 预测天气

天气往往是安排旅游出行的重要参考因素，对于偏僻的小范围区域来说，气象台的天气预报有可能不准确，在这种情况下，就需要掌握一些预测天气的经验与方法，以保证旅游顺利。

暑假，13 岁的小峰去山区的奶奶家住。奶奶家的村子山清水秀，小峰喜欢和村里的小伙伴们一起去捉各种昆虫。一天上午，他们捉来好多昆虫，小峰找来一个透气的小盒子，把这些昆虫都装了进去，还给它们喂了食物，放在院子里让昆虫呼吸新鲜空气。

午睡后，小峰来到院子找不到小昆虫，发现原来是奶奶把它们放到了屋子里。小峰奇怪地问奶奶，为什么把昆虫拿屋里来？

奶奶说一会儿就会下雨了，雨水把盒子浇湿了，小昆虫就会死了。小峰望着屋外晴朗的天，一脸茫然，是晴天呀，怎么会下雨呢？

这时，爷爷走过来，笑着告诉小峰，奶奶是最准的天气预报员，只要腿疼、腰麻，就要下雨了。果然，1小时后，乌云密布，大雨来临，小昆虫们躲过了“劫难”。小峰觉得太不可思议了。

（1）人体变化预示天气变化。人体与天气变化情况有一种神秘的关系，通过身体的感觉，可以预测出天气变化情况。如疤痕在阴雨天的前夕发痒；受过伤的关节会疼；患有风湿的病人遇到特殊的天气会感觉疼痛增加等。

（2）物体变化预示天气变化。现实生活中，很多物体都能感知天气变化情况，很奇特。如水缸外面有水珠时，说明要下雨了；山谷中的岩石发出“刺啦”的响声时，可能要发生泥石流或滑坡；树皮黏糊、流汁液时，可能要下雨。

（3）动物是预报天气的高手。动物在进化过程中，知道了大自然的天气变化规律，能准确预报天气。例如，蚂蚁在洞穴周围筑城，表明雨天即将到来；下雨前，昆虫在离地面较近的地方飞行；雨前，蜻蜓匆忙低飞；蚯蚓钻出地面时，说明要下雨；鱼儿反复跳出水面时，说明要下雨；甲鱼爬上岸，说明要下雨；螃蟹钻出淤泥爬上高处，说明要下雨；知了叫得欢，说明是晴天。

（4）月亮与天气。夜间月圆的时候，往往晴天居多，这个时间集中在农历每月中旬。月缺的时候，往往是阴雨天居多，这个时间集中在阴历上旬和下旬。当出现月晕时，春天预示着天气将转暖；夏天，预示着阴雨、大风天气要到来；秋冬，则预示着阴冷起风天气即将来临。

（5）观察太阳。夏天晴天时，傍晚太阳下山，目力所及四周远山处出现灰色雾状的带状云，往往是天气变化的征兆，预示着阴雨天的到来，可能明天是阴天或有雨。如果晚上太阳落山时，出现红彤彤的霞光，说明明天天气好，可以放心出行；如果早上出现红彤彤的霞光，则说明要下雨了，最好不出门。

充分利用网络查找，外出的时候，可以使用智能手机，到网上搜索所在地域一周之内的天气情况，牢记在心中。

6. 中暑

在户外运动的人，因为长时间暴晒在强烈的阳光下，身体内的热量未能充分散发出去，会导致体温升高，大脑内部的体温调节中枢受到破坏，从而停止活动，身体出现不适，这就是中暑。

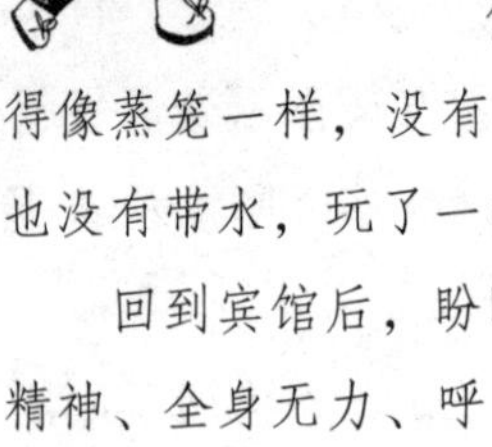

暑假，天气炎热。妈妈带着盼盼去南方旅游，中午休息时，妈妈叮嘱盼盼老实待在宾馆里休息，别出去乱跑。可是，7 岁的盼盼哪里坐得住。他趁着妈妈睡着的时候，偷偷去外面捉蚂蚱。户外，气温接近 40℃，热得像蒸笼一样，没有一丝风，盼盼只顾着找蚂蚱了，没有休息，也没有带水，玩了一中午。

回到宾馆后，盼盼满脸通红、头晕、恶心、视物模糊、没有精神、全身无力、呼吸困难……妈妈醒来，发现盼盼呼吸异常，赶紧在他的额头敷上冷毛巾，又给他喝了藿香正气水，才逐渐恢复了正常。这回盼盼知道为什么妈妈不让他中午去外面乱跑了。中暑的滋味可真不好受。

（1）正确处理。发现自己中暑后，要立刻停止活动，躲避在阴凉、通风处降温，同时用冷湿的毛巾敷在头上。如果有冷水袋，放在头部、腋下，以及腹股沟等血管丰富的地方。如果有冰袋更好，可以用冷水擦浴皮肤，直到皮肤发红。也可以用扇子扇，迅速散热，使体温快速降下来。如果心跳、呼吸异常，神志模糊，要立刻拨打120，去医院治疗，不能耽误。

（2）预防最关键。夏季外出，天气炎热时，可以准备好绿豆汤、酸梅汤、菊花水等，这些都是预防中暑的饮料。天气炎热时，尽量减少户外活动，多喝水。外出时，避免暴晒，最好打遮阳伞，或戴草帽。避免过度劳累，保证充足的休息和睡眠。外出时，准备好人丹、十滴水、藿香正气水等，需要时，按照医生或说明书的要求正确使用。室内要经常通风，保持适宜的温度。

（3）合理着装。盛夏外出，要根据气温情况，及时更换衣服，不能把自己裹得太严实，以免影响身体散热。

炎热的夏季，应尽量避免长时间在烈日下直晒，要穿宽松、浅色的衣服，并注意吃好、睡好，保持好心情。

7. 食物中毒

食物中毒发病往往很快，有头痛、发热、胃饱闷、恶心、呕吐、腹痛等症状，严重的还会出现肌肉麻痹、抽搐、昏迷、意识模糊、说胡话，甚至死亡。

14岁的小强最喜欢吃“麻辣烫”，每次都是妈妈买来食材在家里煮。今天他与妈妈外出旅游，中午他不想吃“旅游团饭”，便悄悄溜出去在街边的流动摊位上吃了“麻辣烫”。

晚上，他开始上吐下泻，发高烧，烦躁不安，呼吸困难，全身哆嗦。妈妈连夜把他送到医院，住院治疗了5天，医生说是食物中毒，与吃路边的“麻辣烫”有关系。

（1）预防最重要。一要管住嘴，不能贪吃，对于入口的食物，要心中有数。二要科学保管，购买的食物，不能立刻吃完时，要注意密封好，低温保存，冰箱不是保险箱，长时间放置食物，也会滋生细菌，需要特别提高警惕。三要防苍蝇、老鼠、蟑螂偷吃、污染食物。

（2）保护性呕吐。如果发生了食物中毒，或感觉入口的食物有问题，应以最快的速度强迫自己呕吐。方法是：可以用干净的手指轻探喉咙处，刺激喉咙反射区，强行吐出食物。

（3）不能麻痹大意。吃完食物后，感到身体不适，要及时告诉家长、老师，以免耽误病情。腹痛时，可用热水袋敷，把腹部盖暖。吐泻时，要暂时停止进食，待病情好转后，再吃一些容易消化的流质食物或半流食。如果病情来势汹汹，要立刻告诉家长、老师，去医院治疗。卧床休息时，要多喝白开水、绿豆汤，有降低疼痛和解毒的作用。

（4）拨打120电话。独自在家发生了食物中毒，如果家长一时赶不回来，可以直接拨打120，请救护车到家送自己去医院治疗，以免耽误病情。

（5）不能乱吃止痛药。食物中毒肚子疼痛难忍时，不能擅自吃止痛药，一定要经过医生诊治以后，按照医嘱吃药。

无论在什么情况下，预防食物中毒最有效的方法是把住“病从口入”这一关，不随意吃可疑食品。

8. 蜂蜇了

蜜蜂给人的感觉是勤劳善良的，可是它发脾气时，就不那么可爱了。如果蜜蜂蜇到了你，你知道该怎么做吗？如果遇到了马蜂等凶猛的蜂类攻击，你知道如何处理被蜇的伤口吗？

13岁的小荣特别喜欢与同学们玩“藏猫猫”。暑假的一天，他参加夏令营活动，中午休息时，与几个同学玩“藏猫猫”。为了藏得更隐蔽，小荣钻进了灌木丛中，不小心碰到了马蜂窝，几只马蜂连续朝他攻击，蜇得他身上起了好多红疙瘩，疼得他哇哇直哭。

夏令营的老师赶紧送他去医院治疗，之后吓得他见到马蜂就想尿尿。

（1）观察四周情况。男生外出时，无论处于什么位置，都要留心观察周围的情况，看看有无蜂出现，有无隐藏的蜂窝。如果发现了蜂或蜂窝，要谨慎小心，最好绕道走，不要招惹蜂。

（2）正确处理伤口。一旦被蜇了，一要保持镇定，坚强地忍受着，不要哭闹；二要寻找毒刺，蜇口位置如果残留有毒刺，应立即拔掉；三要及时用温开水、肥皂水、矿泉水或盐水清洁伤口，避免感染；四要均匀涂抹清凉油、花露水等。

（3）民间偏方。可以把生姜、大蒜、马齿苋（野菜）、苦妈子（野菜）等捣烂、嚼烂，均匀地涂在蜇伤处；也可以用柳树嫩叶捣碎涂抹被蜇处；还可以用唾液涂抹在蜇伤点。

（4）尽早去医院。被蜇后，若是出现头疼、头昏、厌恶、呕吐、烦躁、发烧、抽搐等反应时，应立即到医院医治。

蜜蜂与马蜂不同，它们有很大的区别，在野外要注意观察与区分。蜜蜂与马蜂一般不轻易攻击人，所以，千万别有意无意地招惹蜂。

9. “上火”

牙疼了、舌头长红疙瘩了、嘴角长泡了、大便干燥了、嘴角干裂了……少年们是否经常听到这样说“上火了”的话呢？一旦“上火”了，有没有降火的好办法呢？

暑假期间，12 岁的小山和爸爸、妈妈去外地旅游。一路上，小山最爱吃油炸食品，他特别爱吃当地的油炸小黄鱼等，妈妈提醒小山少吃点，多吃蔬菜、多喝水，可是小山依然我行我素。

第三天早上起床时，小山的眼睛有血丝，嘴角长泡，鼻子干燥、流血，大便干燥、便血，脾气也变得有些暴躁。

妈妈赶紧带他去医院，医生说小山是典型的“上火”。主要原因是喝水少、吃油炸食品多，嘱咐要小山多喝水，按时吃牛黄解毒片。

听了医生的话，小山按时吃药，同时改吃清淡食物，多喝汤，逐渐消除了“上火”的症状。

（1）休息好。外出旅游时，一定要休息好，尽量早睡，不能熬夜，更不能连续活动，不能过度透支体力。

（2）多喝水。要讲究喝水的方法，水在体内的作用极大，水充足，有利于降火，所以要随时补充白开水。每次不要喝太多，要勤喝、少喝、慢喝，喝温开水。

（3）合理饮食。旅游活动量大，特别消耗体力，必须吃好，保证营养与能量的供给。粗细搭配，荤素搭配，每次吃七成饱，不偏食，少吃辛辣、煎炸热性食品。

（4）携带必要的降火药。“去火”的方法很多，在医生的指导下，可以服用一些清热、解毒的药物，也可用拔罐、推拿、按摩等方法“去火”。另外，每天用热水泡脚30分钟，出出汗，也能起到“去火”的作用。

（5）多吃水果。有些水果有“去火”的功效，可以适当吃一些。如火龙果、西瓜、梨等。

（6）及时排除“二便”。旅游中，不能憋着大小便，要养成按时排便的好习惯，避免内火聚集。

旅游中保持良好的心态，保持正常的生活规律，劳逸结合，多做广播体操，对于预防“上火”很有益处。

10. 行走

人类区别于动物的标志之一是直立行走，婴孩长大的重要标志之一也是行走。行走是一个大家司空见惯的话题。它贯穿于人们的一生。

旅游中，真正走起来以后，特别是在生疏地域遇到各种情况以后，少年男生知道该怎么走吗？

14 岁的小琥与爸爸外出旅游，参观完景点后，住在酒店。爸爸让他到对面的超市买第二天路上带的零食。小琥正在给同学上传旅游照片，他答应一声，拿着手机走出酒店，边走边低头继续和同学互动。

超市门口旁边放着一纸箱鸡蛋，由于小琥只顾低头看手机，走到了门边，一脚踢上去，一箱鸡蛋倒下了，老板赶紧出来清点，发现打碎了一半。没办法，小琥只好给爸爸打电话，照单赔偿。

（1）各行其道。少年们在道路上行走时，按惯例应该走在右侧一方。其实，人在走路时也是有行进规则的，这就是按惯例要走在人行道右侧一方，遵循这个规定，大家走路时就不会互相交叉，互相影响，从而保持行进的顺畅和安全。

（2）不左顾右盼。走路的时候，注意力要集中，抬头挺胸，不要低头看书报、看手机等，因为这样往往容易和别人相撞，万一撞倒了老人、病人、小孩，后果很严重。注意路面情况，看看有无陷阱、暗井、坚硬物品等。要注意头顶情况，看看有无可能出现危险坠落物等。

（3）遵守公德，不影响他人。相识的两个人或多人一起走路时，宜单行行进，不应并排行走。人行道宽度是有限的，为确保来往的行人正常通行，熟人或同学们一起走路时，要单行行进，不要并排行走，以免影响其他人通行。在道路上行走时，应保持一定的速度，不能在人行道上散步或飞奔，以确保人们顺利通行，不能因你的速度快或慢，影响大家行走。不能在道路上随意扔东西，以免砸伤别人，或引发他人摔伤等事故。

（4）严格遵守交通规则。横过马路时，必须走人行横道，绝对不能在机动车流中穿行，绝对不能翻越护栏。严格遵守有关交通规则，熟悉交通标志、路牌、标线的规定，不要突然横穿公路。

（5）不逞能。旅游中，有些道路特殊，有些地方甚至没有道路，需要谨慎行走，做到“眼观六路，耳听八方”，随时准备保护自己。如注意泥石流的前兆，注意野兽的偷袭，注意滚石的袭击，注意蚊虫的叮咬等。

人行道是专为行人走路设置的道路，也是走路时最安全的地方。因此，旅游中不管马路多么宽敞，都要在人行道上行走，以确保安全。

11. 家长突然生病

从小到大，少年们是否习惯了家长的照顾呢？是否完全依赖于家长的照顾呢？仔细想一想，生活、学习中真的离不开家长的呵护。可是，当有一天你们的家长生病了，你想过该如何照顾家长吗？

春节期间13岁的小东和家人来到南方海边游玩，一整天的沙滩海浴特别开心。晚上，他和爸爸住一个房间。一天的劳累使小东很快入睡了，但他很快被一种声音惊醒，原来是爸爸觉得胸口痛，正在痛苦地呻吟……

以前，小东只是知道爸爸心脏不好，但是从没有遇到过这样的状况。他没有慌乱，赶紧通知了妈妈，妈妈拿来了速效救心丸给爸爸服下。整晚，妈妈和小东都守着爸爸。

第二天早上，爸爸恢复健康。妈妈因为昨晚没有休息好也头晕。小东主动来到酒店服务台，如实地向工作人员说明情况，工作人员把早餐送到了房间，叫了医生巡诊。事后，医生和酒店服务员都夸赞小东素质高，有孝心。

(1) 关注父母的身体健康。平日里，要多了解父母的身体状况，确保外出旅游他们生病时，知道怎么应对，知道采取何种救护方式。

(2) 了解携带的特殊药物。知道了父母的身体健康情况后，出门旅游前，嘱咐家长携带必要的药物，并认真询问药品有哪些、放在什么地方，以备不时之需。

（3）临危不乱。发现家长生病时（呼吸困难、神志不清、高烧、昏迷、醉酒等），不要慌乱，如果自己没有救助能力，要及时拨打急救电话，同时向亲戚、路人求救。

（4）细心照顾、陪伴病人。少年们都知道“孝”字，关键时候就要体现出来，父母生病需要照顾，男生要勇敢地“顶”上去，搀扶、喂饭、喂水、擦洗、送信、买东西、换洗衣服等，都要帮助父母做。

旅游途中遇到家长生病的情况，要沉着冷静，无微不至地照顾好家长，遵照家长的意见办好每件事，必要时可寻求当地工作人员的帮助。

12. 乘车“综合征”

少年们知道乘车“综合征”吗？所谓的乘车“综合征”就是指长时间乘车的人，由于体力不支、精神疲倦、空间狭窄单调、空气污浊等引发的神经焦虑、烦躁不安等急性精神障碍疾病，会出现鼻塞、头昏、打喷嚏、耳鸣、乏力、记忆力减退、没有食欲等症状，以及一些皮肤过敏（如皮肤发紧发干、易过敏，皮肤变差等）、失眠、胸闷、精神紧张等症状，少数人会失去自控，甚至出现跳车、攻击别人、精神失常等过激行为。

春节前，妈妈在网上好不容易订购了回老家的火车票。腊月二十八这天，12岁的小征和家人收拾好行囊，高高兴兴地来到火车站。由于临近春节，火车上的人很多。小征头一天晚上没有休息好，上车后，他便半躺在妈妈的怀里休息。火车到达车站停靠的时候，小征猛地站起来后，突然晕倒了，眼睛无神，满嘴说胡话，谁也听不懂。

爸爸、妈妈吓坏了，在民警和客运值班员的帮助下，将小征抬下车，并立即拨打了120。医生赶到后，对小征进行检查，发现小征的身体并无大碍，说是在封闭环境中待太久了，空气污浊，导致神经功能紊乱，也就是俗称的乘车“综合征”。

（1）预防最重要。在旅游前，要保持心态平和，不要过于激动与兴奋。该睡就睡，务必要休息好，不要疲劳上车。

（2）注意饮食，保证营养的摄取。旅游中，如果是短途车，最好不吃东西，以免引起同车人的反感。如果是长途车，最好去餐车吃。选择食物时，应以容易消化、营养丰富、清淡、可口食物为宜。

（3）适当活动身体。乘车其实也很累，要见缝插针地活动，不能只是坐着睡觉，因为坐着睡觉会越睡越累。活动时，要根据车内的情况进行，可以做静操，也可以做动操，总之不能长时间坐着、躺着。

（4）转移注意力。由于长时间乘车，容易引起疲劳与烦躁，可以听听音乐、看看电影、玩玩游戏、聊聊天、变个戏法、默诵唐诗宋词、观看车外的美景等。

车内由于人多、密闭、空间狭小，空气流通不畅、氧气少，要经常开车窗通风透气，或在车厢的空处走一走。

13. 遇到小偷

旅游中，如果遇到小偷偷了自己的东西，丢失了财物，影响了正常旅游计划，很令人扫兴。虽然小偷是极少数，但是一旦让你遇到，就是百分百的不幸，你该如何应对呢？

14 岁的小远被选上了优秀班干部，暑假到了，由学校的教导主任带队，来到美丽的北方海滨城市参观学习，行程一周。在最后一天，老师安排大家自由活动，小远与教导主任一起来到集贸市场准备买些“土特产品”带回家。

市场上人多，突然，教导主任大喊“小偷”，把背包丢给小远就去追了。小远他们特别佩服教导主任，因为教导主任有一身好功夫，在学校还给他们进行武术表演呢！眼看追到了地下通道的入口，马上就要抓住小偷了。教导主任突然躺在了地上，小远追到跟前，发现教导主任嘴唇青紫，赶紧拨打120。医生赶来救治，最终教导主任因在追小偷的过程中突发心脏病，不幸离开了大家。民警在调查现场时告诫同学们，遇到小偷要先报警，生命重于财产。

（1）遇事保持冷静。旅游中，无论在什么地方遇到小偷，都不要惊慌，要立刻思考对策，在保证安全的情况下，采取各种灵活的方式，暗中告诉家长、老师或带队人员，不能惊动小偷，以免小偷“狗急跳墙”，与你拼命。

（2）生命最重要。万一被小偷抢走了东西，不要与小偷“玩命”，要坚持一个最重要的原则——确保自身生命安全，必要时可以舍弃财产。万一小偷“狗急跳墙”，拿出凶器与你“玩命”，要勇敢地应对，积极自卫，或呼喊路人帮助。

（3）及时报警求助。如果发现了小偷，要记住小偷的特征、行窃地点、时间，巧妙报警。警察赶到后，及时提供线索。

（4）保管好财物。旅游时，人多杂乱、换乘频繁、反复住宿，必须要保管好财物，不给小偷机会。

务必遵循“生命第一，财产第二”的原则，任何情况下都应该先保护生命，不论是自己的还是他人的。

14. 遇到毒蛇

少年们看见过毒蛇吧，样子是不是很恐怖呢？毒蛇是指能分泌特殊毒液的蛇类，毒蛇酷爱施诈、性格狡猾，它们是狠毒的“捕食者”。

毒蛇敏锐的感官，让猎物无处逃窜；毒蛇诡异的攻击，让死亡如影随形。毒蛇是邪恶的化身。毒蛇的唾液通常从尖牙射出，用来麻痹猎物。

12 岁的小鑫暑假来到农村的外婆家。外婆家在南方的山区里，最大的特点是山多、林多、水多、鸟多、昆虫多、青蛙多、毒蛇多。

一天早上，小鑫去外婆家的菜园子里采摘豆角，看见豆角架子上有一条“花绳子”。他没有多想，伸手就去拿“花绳子”，突然“花绳子”动了起来，头部猛转向小鑫，吓得小鑫倒退几步，摔倒在菜地，幸亏外婆及时赶来，打走了花蛇。同时，她嘱咐小鑫一定要注意菜地里、草地里隐藏的花蛇，不能看花眼，不能把花蛇当成花绳子。因为蛇的伪装性非常好。

（1）快速躲避，不招惹，积极防御。旅游中，万一遇到蛇的攻击，只要没有被蛇咬伤：第一，要保持镇定，寻找迂回躲避路线，不与蛇缠斗。第二，携带自卫“武器”。行走时，最好拿一根树枝，遇到毒蛇攻击时，用树枝反击，不让毒蛇近身攻击。

（2）迅速处置。一旦被蛇咬伤：一是立刻查看伤口里是否留有毒牙，如果留有毒牙，要立刻拔出。二是静卧少动，避免毒液蔓延。三是迅速清洗伤口，可以用冷茶水、淡盐水、冷开水、矿泉水、肥皂水反复清洗，同时将伤口里的有毒血液挤出来。四是立刻按照医生的医嘱，按时、按量服用预先准备的解蛇毒的药。五是野外情况紧急时，在送往医院途中，要用布条、医用绷带扎紧被咬伤口处的上方，每扎 15 分钟就解开放松半分钟，防止肢体坏死。

（3）判断蛇是否有毒。毒蛇有毒牙和毒腺，头大多为三角形，牙齿较长，花纹鲜艳，看上去非常凶猛。如果两排伤口的顶端有两个特别粗而深的牙痕，是毒蛇的概率就大。如果没有经验，一时无法判断是不是毒蛇，就要按照毒蛇咬伤来处理伤口与治疗。

旅游中，进入复杂地域时，应该提高警惕，时刻注意观察道路前面、两侧树木与草丛情况，特别要留心隐藏在岩石缝隙中或盘缠在头顶植物上的毒蛇。

15. 遇到蝎子

少年们看见过蝎子吗？蝎子的样子很可怕，给人以恐怖感、邪恶感。蝎子怕光，白天隐藏于乱石堆、泥穴、木板、壁缝、墙角、枯叶内，夜间爬出来觅食。当男生在户外旅游时，一旦惊动蝎子或闯入蝎子的领域，就容易被蜇。

小学的第一个暑假，淼淼跟随妈妈回到老家。对于一直在城市生活的淼淼而言，这里绝对是个玩乐的天堂。各种没见过的植物、千奇百怪的小昆虫吸引着淼淼。

一天正午，淼淼来到院外的一棵大树下，看硕大的蚂蚁怎么搬运食物。也许是看累了，淼淼干脆躺在树根下“迷糊”起来。

突然，他发现一堆小石子里面好像有什么东西在动。他伸手小心翼翼地挖，看到了一个黑褐色的大虫子，还没等淼淼细看，他的手就被“针”刺了一下。缩回手一看，一片红肿。淼淼吓得边哭边往回跑。妈妈出来赶紧用洗衣粉水给淼淼清洗，过了一会儿，伤口不疼了。妈妈告诉淼淼，当地的蝎子特别多，很多人常常被蜇后，使用这个法子，很管用。这里的蝎子没有毒，不用紧张。

（1）控制情绪，保持镇定，及时去医院。被蝎子蜇后，不要慌张，被一只蝎子蜇了，依据个人体质不同而产生的痛感也会不同，只要不是国外的剧毒沙漠蝎，就不必惊慌，国内的蝎子大都是微毒。一般情况下，被蝎子蜇伤处常发生大片红肿、剧痛，如果伤口没有感染，几天后，症状会消失，不会有生命危险。如果是被数只蝎子蜇了，就要及时到医院处理了。

（2）立刻处理伤口。一要保持冷静，不恐慌。二要进行必要的自救，把蜇伤部位的毒液用力挤出来。三是用浓肥皂水、洗衣粉水冲洗伤处几分钟，疼痛感便会减轻。四是用清凉油涂抹在伤口处，可以缓解症状。五是蜇伤点如果在四肢，要准确地拔出毒钩，涂抹专用的解毒药膏。必要时，立刻去医院，请医生切开伤口进行处理。

（3）民间偏方。如果有条件的话，也可以用拔火罐、吸奶器对准伤口点，吸出毒液。吸毒液时，需要反复吸，直到把被污染的血液吸干净，流出鲜红的血液为止。

旅游中不能粗心大意，最好不要在林间、山石旁露宿、坐卧，不要赤脚在草地上行走或玩耍。

16. 雪盲症

雪盲是紫外线对眼角膜和结膜上皮造成损害引起的炎症，特点是眼睑红肿、结膜充血水肿、有强烈的异物感和疼痛，症状有怕光、流泪和睁不开眼，发病期间会出现视物模糊的情况。

寒假，11岁的小壮来到东北旅游。一望无垠的雪地，让小壮感慨大自然的造化与神奇。午饭后，妈妈带着小壮在雪地上玩耍，滚雪球、打雪仗，好不热闹。中午的阳光照在雪地上很刺眼，忙着玩闹的小壮丝毫没有在意。一个下午过去了，回宾馆的路上，小壮觉得视力有些模糊。他以为是在打雪仗时，有脏东西进到了眼睛里，所以没有在意。

晚上，小壮的眼睛红肿、疼痛、流眼泪。妈妈带着小壮来到医院。医生说小壮患了雪盲症。原因是在雪地里玩耍时间太长，眼睛被雪地反射的阳光刺激所导致的。医生给小壮开了眼药，安慰他不要着急，按时用药，几天后就能恢复。

（1）预防是关键，佩戴保护眼镜。白天在雪地里玩耍，一定要佩戴防紫外线的太阳镜，或特殊材料制成的防紫外线透镜，或蛙镜式的全罩式灰色防护镜，不能随意凑合，劣质太阳镜不但不能保护眼睛，反而会伤害到眼睛。在雪地中玩，要控制好时间，不能过久，注意健康用眼。

（2）加强营养，增强抵抗力。眼睛发育需要特殊的营养，特别是需要及时补充维生素A、维生素B族、维生素C和维生素E等，平时或旅游中，应多吃动物肝脏、胡萝卜、海产品、含维生素多的水果与蔬菜。

（3）积极治疗，不能耽误。在雪地中活动，感到眼睛不舒服，怀疑得了雪盲症时，要立刻用眼罩，或干净的纱布覆盖眼睛，不要勉强用眼，并尽快就医。如果不严重，雪盲症的症状可在三天内消失。

不要轻视雪盲症，要从预防上想办法，掌握在雪地中保护眼睛的方法，绝对不能麻痹大意。

17. 冻疮

冻疮常见于冬季，是由于气候寒冷引起的局部皮肤组织损害。严重的冻伤，可使皮肤表面出现水泡、溃疡，病程缓慢，气候转暖后自愈，但容易复发。冬天外出旅游时，可能会因为天气太寒冷，保暖措施不好，引发冻伤。

虽然冻伤不是什么大病，可是痒起来的时候，也让人难受。特别是红肿的地方露在外面，也让别人看着不舒服。

11 岁的小辉喜欢洁白的雪花，寒假期间，妈妈带他来到东北看雪。他最大的感触就是冻得浑身哆嗦，张嘴困难，话都不想说。

出门旅游前，小辉虽然准备好了保暖衣物，但是在零下 30 多摄氏度的气温中玩耍，还是让他感到了冰冷的雪地里是什么滋味。妈妈与他一起坐“狗拉爬犁”、堆雪人等，两个小时过去了，他觉得耳朵疼，脚丫于僵直。

晚上回到旅馆，小辉感到耳朵与脚都痒得难受，照镜子一看，发现耳朵上起了水泡。急忙脱鞋看自己的大脚趾，发现又红又痒，也有水泡，赶快告诉妈妈。妈妈赶紧打来了温水，帮他洗耳朵、洗脚，之后用香蕉涂擦，又出门给他买来了冻疮药膏，一阵忙活后，小辉觉得好多了。

（1）加强体育锻炼，增强耐寒能力。俗话说“冬练三九”，冬天不要惧怕寒冷，越缩在家里，适应寒冷的能力越低。旅游前，要加强适合自身条件的体育锻炼，如长跑、武术、跳绳、游泳等。

（2）合理饮食，增减热量。冬季外出旅游，饮食上要有讲究，多吃热量高的食物，如牛肉、羊肉、驴肉、花生、奶制品、巧克力、红糖等。

（3）日常预防，耐心细致。一是交替泡脚，找两个洗脚盆，一个盆里的水温是自然温度，一个盆里的水温是45℃，把手脚浸泡在自然温度的水中5分钟，然后再浸泡在高温水中5分钟，每天重复3次，可以锻炼血管的收缩和扩张功能，减少冻疮的发生。二是利用每天洗手、脸、脚的间隙，轻轻揉搓皮肤，至微热为止，以促进血液循环，消除微循环障碍，达到“血脉流通”的目的。三是坚持冷水浴，可以促进身体对外界温度的适应能力。四是着装正确，保暖性能好。冬季外出旅游，一定要详细了解当地的气温，及时购买保暖性能好的衣服、帽子、围巾、鞋、手套、袜子、护耳等，不能仓促外出。

（4）正确处理，减少痛苦。当你发现自己或是身边的人被冻伤后，要立刻离开寒冷的地方，到较温暖的地方，这个时候，快点脱去已经湿了的衣服和鞋袜，然后继续待在温暖的房间，等待身体自行缓解。如果冻伤了，尤其是手部冻伤了，千万不要去烤火，因为这样，会容易使手部组织受热过快而导致烂掉。治疗冻伤的方法有很多，民间也有很多经验，现介绍几种。

一是用热盐水洗。把水烧开后，倒入脸盆中，然后加入适量的盐，等水温度降到不烫手的时候，把冻坏了的手、脚泡进去，最好伴有按摩，让血液得到顺畅流通，每天可坚持泡 10 ~ 15 分钟，连续 7 天后，就会起到很好的效果了。用热盐水洗的同时，配合冻疮药擦抹，效果会更好。

二是香蕉擦涂。先用热水把冻伤的地方清洗干净，然后取新鲜的香蕉一根，去掉皮后，用香蕉肉来擦涂被冻坏了的部位，留在伤口上的香蕉泥千万不要洗掉，坚持一天两次，几天后，冻疮就会痊愈了。

三是辣椒水或辣椒枝、茄子秆煮水洗。把切好的辣椒、辣椒枝或茄子秆放入清水里，煮到沸腾，然后倒入脸盆，等温度降到不烫手时，把没有伤口的冻疮部位放进去，或用辣椒枝、茄子秆，搓冻疮处，可达到治愈的效果。

四是冬青煮水洗。把冬青的叶和枝一起放进锅里，倒入清水，煮到沸腾后，倒入脸盆，稍凉后，感到不烫手为止，把冻疮部位放进去，就可以了。

五是鸡蛋皮煎汤。打破几个鸡蛋，只用鸡蛋皮，然后放水里，煎成汤后，水温降低到不烫手，把冻伤的部位放进水里，反复搓洗。

如果冻疮严重，不能硬扛着，要去医院看医生，在医生的指导下，正确治疗，涂抹冻疮膏。

18. 被狗及其他动物抓伤

宠物越来越多地受到少年们的喜爱，它们的萌态、可爱、调皮、嬉戏，会让男生不自觉地亲近它们。

可是当萌宠们发脾气时，少年们想过没有，会不会抓伤你、咬伤你呢？你知道被狗及其他动物抓伤后有什么危险吗？知道该怎么办吗？

清明节小长假，10岁的宇航跟着父母来到郊区赏花。天气晴暖，花香四溢，一家人都陶醉在春光无限中。

中午，他们一家人来到当地一家农家饭庄。饭庄坐落在山花烂漫处，是当地人自己家的庭院。吃饭间隙，宇航看到院子里鸡鸭成群，还有一只黄白相间的大花猫跟随着。宇航觉得这只猫能和鸡鸭们和睦相处，一定很乖。他上前摸着大花猫，摸着不过瘾，还抱起了大花猫玩。

突然，大花猫眼睛一瞪，恶狠狠地咬了宇航的手。瞬间，几个清晰的牙印出现在了宇航的手上。饭店老板闻讯赶紧跑来带着宇航来到水龙头前冲洗，解释说大花猫最近处在发情期，脾气暴

「被狗追」

躁，宇航身上的气味，猫咪不熟悉，所以就乱咬了。爸妈连饭都没顾上吃，在老板的带领下，来到附近的防疫站给宇航注射疫苗。

（1）保持警惕，不要招惹动物。无论遇到的动物多么温顺，都要保持一定的警惕性，因为动物的本性是改不了的，牢记“五不”原则：一不随意乱打动物。二不抱亲动物。三不与动物同眠。四不与动物嬉戏。五不虐待动物。

（2）不能麻痹大意，要认真处理。一旦不小心被狗、猫或其他有可能携带狂犬病毒的动物咬伤、抓伤，不能麻痹大意，一是要立刻查看被咬、被抓的地方是否破皮出血，如果没有破皮或出血，就不要紧张，应该没有什么大事。如果有损伤、出血，应立即用干净的清水彻底冲洗伤口。二是以伤口为中心点，由外向内挤压伤口，排出带毒液的污血，如果有条件的话，可用火罐拔毒。三是使用20%的肥皂水彻底清洗伤口，再用清水洗净，如果伤口像瓣膜一样闭合着，必须分开伤口进行冲洗。四是不能包扎。狂犬病毒是厌氧的，在缺乏氧气的情况下，会大量繁殖生长。所以，局部伤口原则上不缝合、不包扎、不涂软膏，以让伤口的毒液尽快排出。

（3）去医院、防疫站正规治疗。伤口处理完后，立刻到当地防疫中心或医院进行正规治疗，遵照医嘱注射狂犬疫苗。另外，旅游出行前，在医生的指导下，可以进行预防性注射。在注射疫苗期间，不宜喝浓茶、咖啡、酒，不宜吃刺激性的食物，避免受凉，避免做剧烈运动，注意休息，不要过度疲劳，预防感冒。

被动物咬伤、抓伤后，要保持镇定，不慌乱，先看清是什么动物咬的、抓的，既不能过于紧张，也不能麻痹大意。

19. 面对孤独与寂寞

外出旅途中，你有过寂寞和孤独感吗？当你一个人独处时，怎么面对孤独与寂寞呢？

暑假，11 岁的小志一家来到海边旅游。吃海鲜、洗海澡、抓螃蟹……还没玩够，天公不作美，阴雨连绵数日。

由于无法出门，一家人只好在宾馆休息。中午，父母都睡觉了。小志觉得很孤独、寂寞，特别无聊。趁着妈妈、爸爸休息，一个人悄悄地走出了宾馆，冒雨跑进了旁边的一个网吧里玩。一直到警察出现时，小志都不知道发生了什么事。

原来，爸妈睡醒后，发现小志不见了，四处寻找，怎么也找不到，急得报了警。警察通过监控录像，确定小志进了网吧，一直没有出来。警察告诉小志，要用积极的心态面对旅途中的寂寞和孤独，外出要告诉父母，以免发生意外。同时，要多参加有益于身心健康的活动。

小志看着自己给大家带来的麻烦，惭愧地低下了头。

（1）听音乐、看电视，消除郁闷。旅游时，如果因为特殊原因无法外出活动，可以预先下载一些喜欢的电影或是歌曲，集中时间，专心听一听、看一看，既增长知识，又消除了寂寞。

（2）读书看报，丰富知识。旅游中，如果感到无聊，特别是因为情况特殊有了孤独与寂寞感时，可以预先带些喜欢的书籍、报刊，随时阅读，认真思考，从书中汲取营养。

（3）当成一次“随机版”的写生实践活动，十分珍惜。旅游中遇到特殊情况，影响了你的心情时，不要发牢骚，更不能怨天尤人，要拿出纸笔，随时记录、速写、速画、素描出一路上的所见所闻，写出真实的感受，最终带回家一本厚厚的绘画与文字混合的游记，这是多么难得的事，应该珍惜孤独与寂寞，因为孤独与寂寞给了你追寻、充实心灵的大好机会。

（4）随时摄影，随时保存珍贵的瞬间资料。旅游与摄影是分不开的，途中寂寞、孤独时，可以用手机、照相机拍照，做个业余摄影师也是个不错的选择。可以当一回记者，采访沿途的人与事，写一本杂记带回家，会有意想不到的收获。

旅游中，欣赏风景也可以排解孤独寂寞，认真记录下旅途中的典故、传说故事、特殊的历史人物与地理特征等。

七、家中险情

1. 家人触电

少年男生在日常生活中，想没想过触电的事情发生呢？触电说远则远，说近则近，需要特别提高警惕。

通常家用电一般为 220 伏的交流电，危险性虽比高压电小，但足以置人于死地。触电还可能引起失明、耳聋、精神异常、肢体瘫痪、出血、外伤、骨折、灼伤、继发感染等并发症。

现在是电器盛行的时代，各式各样的电器很多，这就增加了触电的概率。少年们知道安全用电常识吗？知道自己或家人使用电器时，如果不小心触电，应该怎么办吗？

初一学生小海在奶奶家吃午饭，一天中午，他回到奶奶家，敲门没人应答。小海感到很奇怪，每天这个时间段，奶奶肯定在家等着他吃饭，早晨上学出门前，奶奶也没有告诉他今大有什么特殊情况不在家呀？

他自己开了门，没有奶奶的迎接，餐桌上也没有饭菜，他急忙来到厨房找奶奶，发现奶奶跌坐在电饭煲旁边，电源的插销处冒着烟。

“不好，奶奶触电了。”小海大声说着，迅速关掉了电源总开关，并马上拨打了120急救电话。等待医生到来的时候，小海吃力地把奶奶拖到床边，给奶奶做人工呼吸……

很快，120急救车来了，医生立刻对奶奶进行施救，不一会儿，奶奶苏醒了，恢复了正常。医生说幸亏发现得及时，抢救得正确，要不然，很可能就会发生悲剧。

（1）保持冷静，争分夺秒，科学施救。发现有人触电后，一定要冷静，不能因为救人心切，导致自己也触电。最安全的办法是关闭电源开关，如果来不及关闭电源开关，一定要使用绝缘的橡胶物品、干燥木棍，或其他物品帮助家人离开漏电电器，使触电者脱离电源。记住，“时间就是生命”，一定要争分夺秒，尽可能缩短触电时间，以降低伤害程度。

（2）正确施救，不能耽误。触电者脱离电源后，要到干燥、绝缘、安全的地方查看伤情。家里触电的地方一般集中于厨房的插座，客厅的电水壶、电视插座，卫生间的洗衣机、吹风机插座等，触电的原因大体都是手上有水就去拉、拔插头，所以，触电后，不能再站在插座旁了，要立刻到干燥绝缘的地方，避免引发第二次触电。轻度触电后，稍微休息，试着慢慢活动指关节，让被电触击过的部位恢复到正常状态。中度触电，一旦出现昏厥，施救者可以试着掐触电者的人中，大声呼唤；如触电者呼吸微弱，有烧伤、外伤的时候，必须拨打120急救电话。重度触电，施救者立刻拨打120急救电话，同时采取相应的急救措施。如呼吸停止，应马上做人工呼吸；心跳停止，应马上做胸外心脏按压；呼吸与心跳都停止，应同时进行人工呼吸和胸外心脏按压。

「触电」

（3）积极恢复，不能大意。人体在触电的过程中，吸入肺里的氧气会减少，精神高度紧张，脑部供血不好，能量消耗大，触电者恢复正常以后，可以喝一杯葡萄糖水，给身体补充一点能量，对恢复体力有好处。如果感觉胸闷、气短，要打开门窗，呼吸新鲜空气。

预防是关键，要在家里电器多的地方张贴上警示语，时刻提醒家人安全用电，不能麻痹大意。

2. 突然停电

少年们遇到过突然停电的事情吗？你独自一人在家写作业，忽然，“啪”的一声，屋子里一片漆黑，伸手不见五指，一切归于平静，停电了，怎么办呢？

13 岁的阿利有个比他小 7 岁的妹妹，平时只要写完作业，他就喜欢和妹妹一起看电视。周末晚上，正当兄妹俩看动画片时，突然停电了，一片漆黑，伸手不见五指。因为爸爸、妈妈外出参加一个活动，刚好不在家，阿利想起厨房抽屉里有之前妈妈买的蜡烛，便马上摸黑来到厨房找蜡烛。谁料蜡烛不好找，翻了几个抽屉也没有找到。此时，妹妹吓得大哭。半小时后，恢复了供电，小妹妹哭成了泪人。

从这以后，每到天黑，妹妹都要哭闹。妈妈带着妹妹到医院查看，才知道是停电时，妹妹身边没有人陪护，听到了一声凄厉的猫叫，受到了刺激，患上了恐惧症，严重影响了以后的学习与生活。

（1）不慌乱，立刻进行应急照明。突然停电后，要随手把手机打开照亮，而后去找手电筒、应急灯。如果家中备有蜡烛，点上也行，起码要保证屋子里有亮光。注意点燃蜡烛后，不要离开，防止火灾发生。

（2）查找停电原因，正确解决。现代城市供电比较安全，一般情况下，发生大面积停电事故的可能性不大。如果突然停电，一是问问小区物业人员。二是拨打电力部门的 24 小时服务热线，做到心中有数。三是出门看看邻居家是否有电，如果都停电了，就坐等维修人员抢修。四是不要逞能维修，冒失会导致严重后果。如果别人家有电，问题出在自己家，不要逞能维修，要立刻打电话告诉家长，或打电话让物业的电工师傅来维修。

（3）切断危险源。在安全有保障的前提下，拔掉电源插头，并把电线收好，以免把人绊倒；不要使用电热水器里的热水。预防火灾，预防燃气泄漏，注意通风。尽可能关闭停电时处于开启状态的家电，至少要开着一盏电灯，这样才能知道何时恢复供电。

（4）关注停电信息，做个有心、爱家的好少年。平时提前准备应急照明设备，知道放在什么地方，以防突然停电，导致措手不及。注意报纸、大众媒体、小区物业公布的停电消息。平时养成好习惯，床边、写字台边放一支小手电筒，客厅、厨房、卫生间放一盏应急灯，以备不时之需。平时把手机、手电筒都充好电，买些蜡烛和打火机，以备停电时用。

（5）挺身而出，保护需要保护的家人。如果家里有需要照顾的老人和年幼的弟妹，遇到忽然停电时，不要离开他们，陪伴他们，可以避免他们产生恐慌。

如果遇到大范围停电，而且时间不短，如果你正在家中，务必要提高警惕性，看护好家，不能乱用火，千万别出门玩耍。

3. 电器着火

现代生活中，电已经是不可或缺的能源，家里各种电器应有尽有。但如果不了解安全用电常识，不会正确使用电器，就很容易造成电器损坏，引发电器着火，甚至带来人员伤亡。所以说“安全用电，正确使用电器，性命攸关，没有小事”。

小米 10 岁了，上小学四年级。平时，父母做生意非常忙，所以周末他只能一个人待在家。

周末的中午，小米做完作业后，洗了头发，拿起电吹风吹头发。刚吹了几下，隔壁的小伙伴过来喊他玩球，小米随手把电吹风扔到了沙发上。

玩了一会儿，突然，小米听到一阵喧闹，发现很多人往他家的方向跑去。他看到自己家的窗户冒出了滚滚浓烟，吓得哭了起来。在邻居们的帮助下，拨打了火警电话，消防车及时赶来，消防员勇敢灭火，火最终被扑灭了。

事后，消防员检查现场，查找失火原因，发现罪魁祸首就是那个没有关闭电源的电吹风。

（1）正确使用电器设备。家里的电器设备多，要认真阅读电器使用说明书，不要不懂装懂，不能图省事减少操作程序，更不能超负荷使用电器与电器设备。发现电器设备有问题，要及早告诉家长更换，不能凑合着使用。

（2）当机立断，要立即切断电源。如果发现电器用具突然着火，要保持镇定，千万不要用手去碰着火的电器、器材与用具，立刻切断总电源，然后用干粉灭火器等专用灭火器灭火，不要用水或泡沫灭火器灭火。如果是电视机或电脑着火，切断总电源后，应该立刻用毛毯、棉被、床单等物品扑盖灭火。如果火势蔓延，不要逞能，立刻撤离现场，呼喊家长、邻居，同时迅速拨打火警电话。

（3）早发现、早处置。少年男生独自在家时，不要只是玩，要注意观察，注意闻气味，电器着火时，不仅会闪出火花，而且会散发出难闻的气味，非常容易识别。发现电器着火时，要及早处置，不能惊慌失措，人身安全第一，争分夺秒，要正确处置，以免酿成大祸。

无论在什么情况下，只要发现电器着火，都不能坐以待毙，更不能呆若木鸡、原地哭喊，应争分夺秒，机智应对。

4. 煤气泄漏

自从有了煤气、天然气之后，方便了人们的生活，人们真正感觉到厨房的劳动轻松多了。煎、炒、烹、炸各种美味都离不开它，但是，当发生煤气泄漏后，它给人们带来的危险也是可怕的。居家生活，少年们需要防患于未然，人身安全最重要。

虎子今年 11 岁了，上 5 年级。周末中午，妈妈、爸爸午休了。他睡不着，坐在客厅看电视。忽然，虎子闻到了一股煤气味，他赶快去喊爸爸。

爸爸不敢怠慢，示意他不能开灯、不能打电话、不能使用烟火，光着脚轻轻走路，循着味道找过去，发现味道是从自家厨房里散出来的，是煤气瓶的接口处发生了煤气泄漏。爸爸立刻关闭煤气总闸，打开了屋内所有的窗户，轻轻开门，让虎子跑到楼下拨打报警电话。爸爸与妈妈挨家挨户通知大家撤离到安全地带。

不一会儿，消防车赶到，消防员正确处理了漏气的煤气罐，成功地避免了一场爆炸事故。消防员了解完情况后，表扬虎子有安全意识，是个好少年。

（1）不要开关任何电器。各种电器开关、插头与插座的插接都会产生火花，如室内泄漏的煤气达到一定浓度，就会引起煤气爆炸。家中如有冰箱，煤气泄漏时是最危险的，当压缩机自动启动时，同样也会引起轻微火花，引起煤气爆炸。这时，应立即到室外，呼喊物业人员，切断楼层总电闸。

（2）不要使用电话。拿起或放下电话的话筒时，电话机内会产生瞬间高电压，机内的叉簧接点会产生火花，也可能引起煤气起火、爆炸。此时，手机也不能使用。

（3）要防止静电产生的火花。人们一般穿脱衣服，都会产生静电，特别是混纺、尼龙服装。因此，如发现煤气泄漏时，就不要在室内穿、脱衣服了。走路要当心，如果鞋底钉有金属掌，要脱下鞋子，光脚走。

（4）稀释煤气浓度。发现煤气泄漏后，要立即关闭煤气阀门，打开门窗通风。在确实感到安全时，立刻告诉家长，或向有关部门报告，以便查明原因，及时维修，避免发生恶性事故。

经常检查家里的煤气接口处是否有气体泄漏，方法是用肥皂水涂抹在接口处，如果有冒泡现象，说明已经发生煤气泄漏，要及时告诉家长，及早解决。

5. 水龙头、煤气开关

每天洗漱、做饭、洗澡，都要接触水龙头、煤气开关，这些天天打交道的开关似乎再平常不过了，但是一旦它们出现了问题，事情就没有想象的那么简单了。仔细想一想，你会正确使用家里的开关吗？

周日下午，家里没有人，10 岁的小玉写完作业后，着急外出与伙伴们踢足球。踢了半小时，邻居找来了，说他家没有关好水龙头，自来水流了满屋，还淹到了楼下的住户。小玉赶紧跑回家一看，家里真是发大水了。

楼下阿姨家的东西也被淋湿了。原来，刚才楼上临时停水，小玉出门前洗手，拧开了水龙头，发现没有水，因为着急出门与同学踢球，忘记关闭水龙头开关，之后，重新供水了，由于洗手池子的水塞子堵严实了，水溢出了洗手池子，导致大面积流水，引发了“洪灾”。

（1）养成良好的习惯，不能麻痹大意。平时使用开关时，无论是水龙头开关，还是煤气开关，只要打开，就要想着关闭，不能麻痹大意。开或关时，避免用力过大，均匀用力，以免损坏开关。如果临时停水、停气，打开后，要立刻关闭，不能粗心大意。

（2）经常检查，及早发现问题。在日常生活中，要定期进行检查，不能只是使用，不认真维护与检修，发现开关有问题时，要立刻告诉家长维修或更换。

（3）学会养护，延长使用寿命。平时，注意维护保养各种开关，保持开关外表干燥，不要猛拧、猛扳、猛拉；不要用酸、碱性的物品接触开关；不要在开关处乱挂东西，以免影响使用。

要清楚家里各种开关的使用注意事项，注意维护各种开关，平时最好关闭开关总阀门，避免个别开关漏水、漏气。

6. 陌生人电话

电话的普及率非常高，已经成为少年们联系必不可少的工具。少年男生身边的亲人、同学、朋友彼此间相互熟悉了解，甚至未见其人只闻其声，就能知道是谁。但是，如果电话中传出你不熟悉的声音，你想过该怎么办吗？

一天中午，12岁的小庆在操场上玩。忽然，电话铃响了，他接到了一个陌生人的电话，对方自称是妈妈的同事。那人在电话里告诉小庆，他妈妈被车撞伤了，住进了医院，妈妈让同事到学校接小庆，可是同事不知道学校怎么走，让小庆说一下学校地址，马上来接他。

小庆当时一惊，赶紧询问是哪家医院。当小庆听到医院的名字后，确认自己遇到了骗子。因为小庆的妈妈出差在外地，今天中午妈妈打电话说今天下午有会，明天坐飞机返回。于是，小庆果断地挂断了骗子的电话，再次给妈妈拨通电话询问。果真妈妈还在外地开会，一切安好。上课前，小庆还把这个情况告诉了老师，老师在班会上提醒同学们要注意安全，安全接听电话。

（1）提高警惕，提高分析问题的能力与水平。接到陌生人的电话后，无论陌生人怎么说，都要边听边分析，找出蛛丝马迹，因为假的真不了，真的假不了。可以从陌生人的声音、事情的前因后果、时间与地点等方面多问几个为什么，看看有无前后矛盾的地方，有无违反事物发展逻辑的地方，不要轻易被“忽悠”。

（2）及时验证，不耽误大事。如果陌生人电话中说家人病了、家里发生意外事情了，或自称是学校的老师等，为了不耽误事，不要急着按照陌生人电话中的要求去办。应该灵活机智，巧妙地进行“二次”核查。方法是：立刻在隐蔽的地方联系家长，询问真实性。立刻告诉老师，请老师帮助分析，提供解决方案。

（3）避免干扰，立刻挂断。如果判断出陌生人的电话内容是假的，绝对不黏糊，不能提供自己的真实信息，要立刻挂断电话，隔绝骚扰，避免陌生人定位追踪。

（4）果断报警，不能犹豫。如果陌生人的电话内容涉及爆炸、杀人、绑架、淫秽、毒品等，不要好奇，要立刻告诉家长或老师，也可以直接报警。

陌生人的电话有时编造得很隐秘、很真实，几乎可以以假乱真，要睁大双眼，竖起耳朵，仔细听，认真甄别。

7. 陌生人叫门

有人叫门的那一刻，少年们总是充满了无尽的期待。会是谁呢？是出差回来的爸爸吗？还是妈妈回来了呢？或是送来惊喜的小伙伴呢？抑或是“快递哥”呢？

周末下午，10 岁的小川和 7 岁的小果在爷爷家写作业。爷爷与奶奶去超市了，嘱咐他们好好待在家里。突然，外面传来一阵敲门声。

“是爷爷、奶奶吗？”小果边问边往门口走。

门外不回答，继续敲门。小川感觉不对劲，立刻警觉起来，他快速来到门口，示意小果不要开门、不要说话，探头从门上的“猫眼”往外看，发现不是爷爷、奶奶。

这时，敲门人说是检查电路的。小川思考了一会儿，故意大喊：“爸爸，你出来，电工师傅检查电路来了，你来看看吧。”

突然，门口传来急促向外跑的脚步声。小川和小果憋住气，互相看了看，开心地笑了。

（1）提高警惕，关好门窗。独自在家时，不要贪玩，要锁好院门、防盗门、防护栏。如果住在较低的楼层，窗户又没有安装防盗网，最好关闭窗户，不给坏人任何机会。如果住在高楼，检查顺着楼外墙的下水管附近的窗户安全情况，最好关闭。

（2）机智灵活，沉着应对。如果有陌生人敲门，不可盲目开门，一是从门镜观察或隔门问清楚来人的身份，如果可疑，绝不能贸然开门。二是详细问清来意，如果回答得“牛头不对马嘴”，坚决不开门，特别是遇到以修理、推销、收购等名义叫门时，更要提高警惕性。三是立刻通知家长或报警，如果陌生人站在门口不肯离去，坚持要进入室内，不要与之纠缠，要立刻通知家长，也可以直接打电话报警，或去阳台、窗口高声呼喊，向邻居、行人求援，起到震慑作用，吓走陌生人。

（3）不要麻痹大意，更不要怕麻烦。如果遇到自称是“快递哥”的敲门，不要怕麻烦，一定要问清楚是送给谁的货物？电话是多少？发货地址？发货人是谁？然后立刻与家人核实确认，不能擅自开门接收。

一人在家时，遇到陌生人敲门要保持警惕，一般情况下不予理睬，过一会儿，敲门人自然也就走了。

8. 女生提出无理要求

男女同学在一起相处，互相学习，互相帮助，彼此取长补短，学生时代的友谊总是让人难忘。不同的时段，男生会遇到不同的女生。仔细想一想，在你的周围，有没有向你提出无理要求的女生呢？

小墨和小美是初中同学，在一个班，还是同桌，平时两个人的关系很好。小美经常带些水果给小墨吃。一天，小美的手机出现了故障，准备换个新手机，主动问小墨哪款手机好用，小墨建议小美换个经济实惠的，并说自己的妈妈新买了一款国产品牌的手机，性价比不错。

小美顺势说："我对你这么好，你是不是找你妈妈要钱给我买个手机呢？"听了小美的要求，小墨摇头拒绝了。小美又出主意，悄悄地说，你把你妈的手机骗到手，送给我也行。

小墨看着小美，无语了。他觉得小美的要求太过分、太无理了。下午回家后，他主动把事情告诉了爸爸，爸爸帮他出主意，建议找老师调换座位，之后小墨对小美敬而远之。他认为同学之间真正的友谊不该掺杂物质成分，更不应该撒谎，欺骗家长。

（1）保持界限，把握住分寸。少年男生与少年女生在相处时，一要诚实，不要欺骗，友谊第一。二要彼此尊重，言语行为要端正，不能欺负对方。三要注意分寸，该说的说、该做的做，不该说的、不该做的，坚决不说、不做。四要注意男女有别，不能有肌肤之亲。少年男生正是求学、增长知识的大好阶段，主要精力要放在学习上，不能胡思乱想，更不能有非分之想。五要注意保密，不要把女生提出的无理要求故意散布出去，以免导致女生出现心理问题。

（2）明确表明自己的立场、态度、观点等。对于女生提出的无理要求，应该坚持自己的原则，不能犹犹豫豫，要立刻拒绝，不要不好意思，以免引起女生的误会。

（3）找人帮助解决。如果女生一而再、再而三地向你提出无理要求，不要自寻烦恼，要立刻向老师说明情况，请老师帮助解决，或一五一十地告诉家长，听听家长的意见。

面对女生提出的无理要求，不能迁就，要有原则、有底线，坚定、礼貌的态度非常重要。

9. 水管、卫生间器具漏、溢水

现在大多数少年家住楼房，偶尔会遇到家里的水管、卫生间器具漏水、溢水，这是很让人头疼的一件事情。其实，只要平时注意正确使用，随时检查，就能及早发现问题，及早解决问题，及早避免麻烦。

最近，11 岁的小秋遇到了麻烦，他的两只胳膊上出了大片的癣，很是刺痒。妈妈带他去学校的卫生室看医生。医生说问题不大，建议他注意饮食，以清淡为主，适当忌口，服用维生素，外用药膏。可是，过了半个月，小秋的皮肤病仍然不见好转。

一天，校医来他家家访，看到他家里卫生间的坐便器管道有些渗漏，卫生间没有窗户，不通风透气，洗澡时的湿气和管道渗漏的污水长时间浸在地砖缝里，滋生出了很多细菌，取回样品化验，找出了小秋患皮肤病的原因，校医建议立刻修整卫生间，彻底消毒，保持卫生间干燥。

周日，爸爸赶紧找来了专业维修人员，疏通管道，修复瓷砖，在墙壁上装了窗户，安装了排风扇。装修完成后，妈妈把卫生间里外彻底打扫、消毒了一遍。很快，小秋胳膊上的癣就消失了。

（1）主动替家长分担家务。少年男生是家庭成员之一，家里的事情要管、要问、要操心，不能当“甩手掌柜”，要有“小主人公”意识，积累过日子的经验。

（2）思想上重视，不粗心大意。家里的事就是自己的事，家里的各种管道、卫生器具要定期检查，及时发现问题，及时告诉家长，让家长及早维修、更换。

（3）具备独自处理的能力。发现家里的水管、卫生器具有问题时，如果一个人在家，不要慌乱，更不能不闻不问、撒手不管，在告诉家长的同时，还可以通知物业的维修人员来解决，以减轻父母的负担。

临时补救的简单方法：找一截自行车内胎或是食品保鲜袋等，把漏水点裹几层，然后用细铁丝密集缠绕箍紧。

（4）安全使用，延长寿命。使用水管、卫生器具时，要注意轻用轻使，不能用力过猛，要精心使用、维护，水管与卫生器具的寿命才能更长、更安全、更可靠。

如果家里的水管、卫生器具有溢漏现象，第一时间关闭总开关，不能放任自流，更不能做一个“旁观者”。

10. 吞下异物

少年们还记得小时候吃饭的情景吗？长辈们总是很严肃地警告我们吃饭不许说笑、不许打闹等，也许少年们当时不理解长辈们的真正用意，慢慢长大了，才知道生活中因为吃东西不注意造成的伤亡事件确实不在少数，要引起足够的重视。

7 岁的小学生虎子因为着急看电视，吃杏时，不小心被杏核卡住了气管，憋得难受，用手抠杏核，结果越抠杏核越深入喉咙，最后完全堵死了气道，晕倒在地。家人赶紧把他送到医院，但为时已晚。奶奶急疯了，妈妈昏死过去，一个家庭从此破碎了。

（1）平时养成安静吃饭的良好习惯，细嚼慢咽。吃饭要讲究规矩，坐姿要端正，专心致志，不能一心二用。要细嚼慢咽，不要狼吞虎咽，更不能嘴里含着食物“闹着玩”，避免又跑又跳，也不能边看电视边吃饭。

（2）保持镇定，不哭不闹，冷静处理。一旦吞下异物，不要慌张，判断是什么异物，有无危险，异物是否卡在喉咙里，是否进了胃里，如果已经进了胃里，尽量减少活动，并不要再进食任何饮品及食物，及时到医院就诊。如果异物卡在喉咙，影响了呼吸，要争分夺秒，不能用手指硬往里抠，轻咳几下，看看是否能把异物咳出来。如果无法咳出来，尽量维持呼吸，同时立刻告诉家长，拨打 120 电话，请医生救治。

（3）注意大便情况。如果异物进入胃里，留心观察大便情况，看有无出血、颜色是否正常等。密切注意肠胃的反应，如果有刺痛，要立刻去医院。

注意观察食道与肠胃情况，看看有无出血，有无疼痛，如果有异常，不要拖延，要及时去医院治疗。

11. 鱼刺卡住喉咙

喉咙被鱼刺卡住最常见，一般情况下，鱼刺、骨渣及果壳等异物最容易刺入的部位主要是扁桃体下端、舌根部等部位，枣核则容易卡在食道中。

喉咙卡了异物，咽部会感到刺痛或有异物感，异物较大的话，吞咽也很困难。如果异物刺激喉咙黏膜，则会引起剧烈的咳嗽，并因反射性喉咙痉挛及异物阻塞而出现呼吸困难，并可能有不同程度的喘鸣、失音、喉痛等。如果异物较大，而且嵌在声门上，则很快会造成窒息，危及生命。

小津的爷爷过生日，一家人其乐融融。爸爸做了很多好吃的。小津特别喜欢吃爸爸做的“松鼠桂鱼”。哥哥让小津快点吃，下午安排了看电影。

听说下午有电影，小津有些着急，把一大块鱼肉吞了下去，感觉嗓子被鱼刺扎了一下，他试着吃了一口米饭，不行，嗓子疼。于是，奶奶让小津大口吃馒头，还是疼，爷爷拿来一碟醋，让小津喝下，说可以软化鱼刺，结果还是不行。

小津的嗓子越来越难受，还流出了鲜血，爸爸急忙带小津去医院，医生用手电照射，用镊子取出了鱼刺。看着鱼刺，医生严肃地说这次很危险，鱼刺差点扎破了血管，以后吃东西要小心，扎了鱼刺，不能随意使用“偏方”。

（1）夹拿法。立即停止进食，告诉家长，让家长用汤匙或牙刷柄压住舌头的前端，用手电光照射喉咙，仔细察看舌根部、扁桃体、咽后壁等，发现异物，用镊子或筷子轻轻夹出。如果刺扎得深，刺很粗，不能擅自处置，要立刻去医院治疗。

（2）咳嗽法。如果感到刺扎得不深，或者刚刚扎入，立刻深吸一口气，向外咳嗽几下，刺可能会顺着气流，带出去。

（3）呕吐法。感觉刺扎得不深，也不粗，可以用食指来抠口腔的根部，这时候会有恶心呕吐的感觉，泛上来一些食物残渣，顺利时，会把鱼刺一起给顶上来。

（4）缓解法。用手电照射，无法找到鱼刺，但是总觉得鱼刺卡在咽喉，可能性有两种，一种是鱼刺进了胃里，划伤了食道软组织，此时可将橙皮切小块，口含橙皮徐徐咽下。另外一种是鱼刺扎得位置较深，要引起警觉，立刻去医院处理。

被鱼刺、骨头卡喉后，不宜使用“偏方”处理，因为“偏方”容易使异物陷得更深，延误诊治时机，轻则加重局部组织损伤，重则划破食管并穿孔，甚至会造成大出血，要立刻去医院，不能大意。

12. 误吃杀虫剂

杀虫剂有毒，对人体有害，甚至能使人丧命。少年们一定要远离杀虫剂，不能随意接触。万一粗心大意，误喝了杀虫剂，你知道该怎么办吗？

小茂的妈妈是一名园林工人，对于花草病虫害防治很在行。一天，隔壁邻居请小茂的妈妈帮忙配点花草杀虫剂。

妈妈顺手拿了个喝空的饮料瓶，把杀虫剂勾兑好灌到饮料瓶里带回家，想等做好了饭菜，再给邻居家送去。

谁知小茂放学早，回来后感到口渴，进家拿起装有杀虫剂的饮料瓶就喝。药剂的味道让小茂马上吐了出来。

妈妈赶紧让小茂漱口，把嘴里的农药漱出来。之后，立刻带小茂来到医院。医生了解情况后建议回家观察，因为小茂没有把农药咽进去，残留的农药基本在嘴里。妈妈的做法很正确。回家后，妈妈还听从了医生的建议，给小茂煮了绿豆汤喝。

（1）保持冷静，不能惊慌失措。误食杀虫剂后，不能被“吓晕”，要争分夺秒，立刻呕吐，能吐出多少就吐出多少，同时立刻告诉家长、老师、同学，请他们帮助。绝对不能隐瞒事实，或顺其自然。

（2）如果家长不在家，自己的意识清醒，感觉是轻微中毒，要立刻叫出租车去医院。感觉是严重中毒，立即打120电话，救护车赶到之前，要保持理智，随时感受身体情况，特别是呼吸与心跳情况，直到医生赶到。另外，别忘记把误食的杀虫剂交给医生。

（3）配合治疗，不要回避治疗。误食杀虫剂被送进医院后，要有充分的思想准备，可能会洗胃、洗肠、腹泻、排毒等，要有耐心，积极配合，一切听从医生的安排，不能任性。

积累生活常识，正确认识碘酒、农药、樟脑、高锰酸钾、灭鼠药、杀虫剂、煤油、汽油、水银、铅等这些有毒物质。

13. 开水烫伤

有时倒杯开水或去厨房烧水，稍不留神就会被开水烫伤。有时候揭开锅盖，一不小心就可能被蒸气烫伤……无论什么情况，烫伤后必须马上处理，以免产生更严重的伤害。

小然的妈妈发烧了，想到自己生病的时候妈妈总是细心地照顾，让自己多喝水。于是，7岁的小然也模仿着妈妈的样子，接了满满一壶水，放到煤气灶上烧开，准备给妈妈喝。由于壶沉，水接得太满，他的力气小，倒开水时，一只手被开水烫出了水泡。小然疼哭了，不知道该怎么办。

妈妈听见哭声，赶紧下床进厨房，让小然把烫伤的手放在水龙头下面，用冷水反复冲洗降温，然后给他涂抹了烫伤药膏。

（1）保持镇定，不哭闹。立即脱离热源，用流动的冷水冲洗烫伤面，降低创面温度，减轻高温进一步渗透所造成的软组织损伤。

（2）争分夺秒，不要紧张、害怕。万一被开水烫伤，要争分夺秒，迅速把浸有热水的衣服脱掉，如果不脱去浸湿的热衣服，相当于没有脱离热源，仍然会加重伤情。

（3）检查烫伤情况，谨慎处置。脱下衣服后，要认真观察烫伤情况，如果不严重，皮肤无破损，可以继续把伤口泡在冷水中。泡冷水可持续降温，避免起泡或加重病情。如果出现小水泡，千万不要弄破，要立刻去医院处理。

（4）及时告诉家长、老师，不要隐瞒实情。烫伤后，不要担心被批评，要第一时间告诉家长、老师，请他们查看烫伤情况，帮助解决。

（5）民间小偏方。烫伤后，如果不严重，可用民间的小偏方，把生鸡蛋清和蜂蜜各一半混合后，均匀地涂抹于烫伤部位。

不要把皮肤表面起的水泡弄破，也不要把表皮弄破，以免引起细菌感染。为了防止烫伤部位起泡，可以马上往烫伤部位涂抹醋、凡士林、止烫膏等，也可以把烫伤部位浸泡在食盐水中，可以起到消炎止痒的作用。

14. 烧伤

少年们知道吗？生活中最常见的意外伤害就是烧伤。烧伤分为三个等级，轻度烧烫伤可自行处理，较重的烧伤需要去医院进行专业治疗。处理烧伤的原则是缓解疼痛、减少感染、防止休克。

小方和小贤是小学三年级的学生，平时两个人经常在一起玩。寒假的一天，俩人在小方家的院子里发现了几个小洞。淘气的两个人展开了联想：也许洞里有冬眠的老鼠？也许是蛇住在里面吧？也许是刺猬在里面睡觉呢？为了一探究竟，小方进屋取来打火机，小贤找来干草放在洞口，他们想用烟熏火烤的方式让洞里的小动物出来，看看到底是什么动物。刚刚点燃干草，谁料，突然刮风了，很快就烧着了

旁边的野草。火势顺着风向，一下子就燎到了小方与小贤的裤腿，迅速燃烧起来，俩人吓傻了。

姥姥发现后，立刻赶过来把火扑灭。发现小方和小贤的裤腿被烧掉了一半，赶紧把小方和小贤送进医院。俩人在医院住了10多天，虽然没有留下严重的后遗症，但是腿上的烧伤还需要慢慢恢复，医生说腿上有可能会留下疤痕，嘱咐他们以后不要随意玩火，要对自己的生命安全负责。

（1）迅速降温。轻微的烧伤，没有伤及皮肤及软组织时，要立刻用干净的冷水冲洗，或将烧伤部位泡在冷水里，直至不感到疼痛和灼热为止。不宜浸泡的烧伤部位，可用冷敷法，借以减轻疼痛，抑制伤势的发展。

（2）解除热源。立刻躲开热源，检查烧伤部位，同时把烧烫伤时穿的衣服、手套、袜子、鞋脱掉。如果无法脱掉，可以用干净的冷水冲洗后，用剪刀剪掉。烧伤部位的皮肤完好、软组织没有受伤时，用干净的冷清水冲洗，轻轻擦干后，局部涂各种烫伤膏（市售），无须包扎。

（3）防止感染，不要把水泡挤破。烧伤部位起了水泡时，如果水泡过大，或水泡周围痒时，要注意忍受，不能随意刺破水泡，以免引发感染。如果烧伤严重，伤及了软组织，要立刻去医院治疗。

（4）救助要点。搬运烧伤患者时，动作应轻柔，行进要平稳，并随时观察患者情况，对途中发生呼吸、心跳停止者，应就地抢救。

不宜给烧伤患者喝白开水，可给予适量的糖盐水。烧伤创面切不可使用红药水、紫药水等消毒药液，以免掩盖烧伤程度。

15. 吃错药

说到药，少年们并不陌生，但要知道一个事实，吃药不是小事，一定要遵医嘱，不能随意乱吃。生了病，离不开药，但不能粗心大意，在没有医生许可的前提下，不要贸然吃，以防发生意外。

春节前，小学五年级的小刚感冒了，还有些咳嗽。偏巧，爸妈有事情回奶奶家了。这两天，姥姥专门赶过来照顾他。写完作业，他按姥姥说的剂量吃了三片咳嗽药。可是，感觉没有什么效果，内心有些着急。

晚饭前，姥姥发现自己的降压药不见了，边找边念叨着降压药哪里去了呢？小刚听到姥姥这么说，赶紧打开茶几抽屉，一看出了一身冷汗，原来刚才他误把姥姥的降压药当成咳嗽药给吃了。

姥姥和小刚顿时惊慌起来，赶紧来到医院，医生给小刚测量了血压，说问题不大，让小刚多喝些水、多排尿，并告诉他以后吃药要先看好说明书，或问问家长再吃，这次幸亏吃的是降压药，如果吃了毒性大的药，可就没这么简单了。小刚不住地点头，表示以后会注意。

（1）保持镇定，不惶恐。知道吃错药后，不要惊慌，要立刻告诉家长、老师，请求帮助。如果家长不在身边，先弄清楚吃错了哪类药、吃了多少，如果是维生素、助消化药、营养药、保健药，吃得也不多，问题就不大。事后，要注意观察，感觉身体情况，告诉家长和老师即可。

（2）不能粗心大意，要及时看医生。吃错了药，要留心观察，如果发现大小便异常、视力模糊、呼吸与心跳频率加快（减慢）、皮肤起疙瘩、痒等异常情况，要马上告诉家长、老师，立刻到医院治疗。另外，别忘记带上吃错的药。

（3）早期自己处理，减少药物对身体的伤害。发现错吃了抗生素或腐蚀性大的药物，不要等待，要立即催吐，吐得越多越及时越好，同时告诉家长、老师，最好去医院处理。

（4）养成好习惯，谨慎入口。吃药前，务必问问家长，要看看说明书，确实认为没有问题后再吃。平时吃的药不能乱放，一定要放在固定的地方。注意家庭药箱的管理，对于过期、特殊用药，告诉家长要及时标注、处理、销毁。

家庭药箱的保管有讲究，对于药水、外用药、中药、糖衣药、成人药和儿童用药，应该分开保管，存放于干燥通风处，不能大意。

16. 误吃变质的药

少年们家家都有储备的药品吧，在储备的药品包装盒上看见过生产日期与保质期吗？要知道一个简单的常识问题，超过保质期的药物不但会失去原有的药效，而且还会产生不良药物反应。即使药物没有过期，因受潮、受热导致变质的药物，也不能使用。

每天早晨，小学三年级的小禄都要洗头发。今天小禄起床晚了几分钟，匆忙洗了头，担心赶不上早自习，来不及吹干头发就往外跑。

爸爸说这样容易感冒，建议他吹干头发再走。小禄没有听爸爸的话，到了晚上，他觉得头有点疼。他强忍着，心说：千万别感冒，要不老爸就唠叨个没完了。吃完饭，小禄从家里的备用小药箱里找了几粒感冒药吃了。没想到，头痛不但没减轻，反而胃疼了起来，而且疼得无法忍受……

半夜，爸爸送他到医院检查，医生说他得了胃肠炎，因为小禄服用的感冒药已经变质，不能吃了。回到家，爸爸找到他之前吃的感冒药，果然药片上面有几粒很小的黑点，再看日期也已经过期了。

通过这次教训，小禄和爸爸一起对药箱里的过期药品进行了清理，扔了一大包过期的药物。

（1）仔细查看药物，不能有遗漏。吃药前，要认真查看药品质量，因为药物变质有“信号”。例如，胶囊剂药物软化、碎裂或表面发生粘连；丸剂药物变形、变色、发霉或有臭味；药片有花斑、发黄、发霉、松散或出现结晶；糖衣片表面已褪色露底，出现花斑或黑色，或崩裂、粘连或发霉；冲剂受潮、结块或溶化、变硬、发霉；药粉已吸潮并发酵变臭；药膏出现油水分层或有异臭；眼药水有混浊、沉淀、变色等，发现上述情况，均不能使用。

（2）仔细看包装说明书，做到心中有数。任何药品都有说明书，都详细说明了药品有效期，一般在最外面的包装明显位置标注出来。服用前，要注意查看药品外包装及标签上所印刷的生产日期（批号）和有效期，绝对不能马虎。没有标明有效期的药品，不能贸然使用，可以打电话询问医生。

（3）询问清楚，不怕麻烦。如果到药房或药店买药，不要怕麻烦，一定要问清楚药品的有效期、保质期。对于标注不清楚的说明书，务必要让工作人员在包装上写明生产日期和有效期，这是关乎生命安全的严肃问题。

（4）正确处置，不能耽误时间。一旦不小心吃了变质的药物，要立刻告诉家长，同时催吐，感觉严重时，必须带上变质的药去医院治疗。

养成好习惯，对自己与家人的生命健康负责。要养成检查药品的好习惯，定期清理家用药箱，督促家长将变质、过期的药品销毁。

17. 发现了黄色光碟

黄色淫秽物品是“毒药”，是恶魔，务必要远离。它是利用极其下流、淫秽、扭曲的性描绘，对少年男生进行引诱和挑逗，如果少年男生缺乏是非观念，缺乏自制力，就可能无法自拔，不自觉地模仿其中的情节和做法，从而步步走向邪路，甚至掉入犯罪的深渊。

14 岁的小铁喜欢上网，喜欢看电视，喜欢玩游戏。暑假期间，邻居家的女孩敲门找他借书看，他立刻在家里的书柜上找书，无意中找出了爸爸的一张黄色光碟。他与女孩一起观看，由于控制不住，竟然模仿黄色光碟里的镜头和邻居家女孩发生了性关系。

5 个月过去了，女方家长带着怀孕的女儿找上门来。小铁讲了自己偷吃禁果的经过，父母又气又恨，把黄色光碟全部烧毁，并主动向有关部门检举了贩卖黄色光碟者。

（1）远离黄赌毒，绝对不沾边。平时，要自觉筑起防腐蚀的堤坝，学习一些健康的、科学的、必要的“性”健康知识，了解自己身体和心理的特点，做到心中有数。

（2）主动问学校的卫生老师，不要故意回避性健康知识。在学校应该主动接受健康的性道德教育，在家可以大胆地询问家长，不要回避，更不能认为学习性知识是“丢人”的事，明白身心发育规律，以道德准则来控制自己的言行。

（3）严格管束自己，不要有偷窥心理与行为。男生要树立正确的人生观、价值观，坚决不看黄色书刊、光盘或录像，不听邪门歪道的性故事，不说下流话，坚决不做“越轨”的事，打破对性的神秘感，以积极、健康的心态面对性问题。

（4）有法制观念，敢于揭发。如果发现父母存有黄色光盘，一要坚决抵制，绝对不看；二要与父母交换意见，让父母销毁；三要建议父母向有关部门反映情况，揭发贩卖窝点；四要敢于揭发，如果父母不销毁，可以向有关部门反映情况，希望父母改正。

少年男生的精力、时间是有限的，绝对不能以任何理由把大量的精力、时间、金钱浪费在看黄色光盘上，这样不仅会影响学业，还会葬送自己的前程。

18. 发现保姆不对劲

当家里有老人需要照顾，父母上班又没有时间照顾老人时，一位能干、贴心的保姆会走进家里，让家庭生活井然有序，不再无助。大多数的保姆是好人，但是有时也会出现有着各种目的的保姆，需要提高警惕。

12 岁的小宝很幸福，可是最近爷爷、奶奶身体不好了，爸妈工作忙，没有时间照顾爷爷、奶奶，就请了一位保姆。

小宝每天中午下学到爷爷、奶奶家吃饭，保姆阿姨做饭很好吃。一天午睡，小宝被热醒了。他准备到冰箱里拿饮料，刚探出头，便看到了阿姨鬼鬼祟祟的身影，小宝未敢出屋，屏住呼吸，悄悄看着，见阿姨从冰箱里拿出几个甜瓜和一些李子、香肠、牛奶，迅速装进布袋，悄悄地放进自己的屋子。这时，阿姨又来到奶奶的屋子里转了一圈出来。

晚上，小宝把这件事情告诉了爸爸。爸爸来到爷爷、奶奶家查看，果然发现爷爷、奶奶的零花钱少了几百元，冰箱里的食物也少了很多。第二天，小宝爸爸专门和阿姨进行了沟通，希望她能本分做人，如果再出现这样的事情就报警了。保姆阿姨羞愧地低下头，退回了拿走的钱与物。

（1）尊重保姆。自然与保姆相处，不要歧视保姆，更不能随意使唤保姆。要把保姆当成一家人，与保姆友好相处，尊重保姆的劳动成果。

（2）要有防人之心。虽然把保姆当成一家人，但是也不能太粗心大意，平时自己的钱财与贵重物品不要随意乱放，不能什么都说，以免泄露家里的“机密”。建议家长把贵重东西放好，以免造成不必要的麻烦。

（3）制定规矩。建议家长对保姆进行教育，把要求、规矩与工作说在前面，合理划分保姆的工作范围，制定相关的要求，按规章奖惩。

（4）不自己乱找保姆。建议家长到正规、专业的中介公司聘请保姆，彼此保留真实的身份信息和联系电话，并签订相关合同，以免发生纠纷。

一旦发现保姆有异常行为和举动，最好暗中搜集相关证据（拍照、录视频等），不要与保姆发生正面冲突，要巧妙地告诉家长，必要时立刻报警。

19. 拨打紧急电话

少年们对特殊电话号码应该不陌生吧？紧急电话的电话号码少年们不仅都应该熟记，而且还要会使用，如果真的遇到了紧急情况，拨打紧急电话是有学问的，不能乱了方寸，耽误了大事。

暑假，小兵与弟弟来到农村的外婆家。外婆家门口有一条很隐蔽的小河，河水清澈透明，是个游泳的好地方。中午，小兵和弟弟来到河边玩。

忽然，弟弟滑入河中溺水了，小兵奋力将弟弟拖出水面，看到弟弟的嘴唇都青紫了，呼吸急促……

小兵赶紧打120，发现手机没有电了。于是，小兵赶紧跑回姥姥家打电话，由于紧张，连续拨错了六次，半小时后，救护车赶到。医生说由于拨打急救电话不及时，在救护车到来之前，弟弟已经因长时间缺氧死亡了。

（1）印记在脑子里。110、120、119 在任何省、县、市都不用加区号，无论是本地还是漫游，拨打的报警电话，都会转到报警所在地的警讯台，及时出警，帮助你解决困难与问题。

（2）紧急时刻使用。全世界的手机都可以拨打的共同紧急救援号码是112，假如你所在的地区无手机信号覆盖，又遇到了紧急状况，拨打112 准没错，因为这时候手机会自动搜索所有可用的网络并建立起紧急呼叫，即使手机是在键盘锁定的状态，也同样可以拨打112，并可以帮助联系 110、120、119 这类的报警电话，迅速定位，快速锁定报警者所在的地点。

（3）特殊情况下采取特殊办法。紧急情况下，如果手机没电了，不要慌乱，可以把手机电池拿下来，用自己体温“捂热”，快速装在手机上，就可以开机拨打特殊电话了。

（4）简明扼要，说明情况。拨通电话后，要立刻说明情况，不能只是哭、闹，因为哭、闹只能耽误时间，严重时，还会丧失宝贵的救助时间。

少年们要自觉遵守纪律，特殊电话不能随意乱打，以免浪费有限的资源，干扰正常的工作秩序。

20. 与继父(母)怎么相处

再婚的家庭必须要面对与继父（母）相处的问题，智慧、艺术地处理解决生活中的磕磕绊绊，需要少年们不断地学习。

爸爸再婚了，8 岁的庆庆在爸爸的婚礼上对继母很不友好。他不喜欢叫这个陌生的女人“妈妈”。因为在庆庆的心里，自己亲生的妈妈一直都没有离开过。

每天，庆庆下学后见了继母都尽力躲开，闹得家里很尴尬。一天晚上，庆庆发起了高烧。当时，爸爸出差，只有他和继母两个人。已经是凌晨 1 点了，继母背起发高烧的庆庆上了出租车，来到儿童医院检查。

因为药液对肠胃有刺激，继母一直陪着庆庆，给他按摩脚掌心，清理他的呕吐物，陪着他输液一直到天亮。从这以后，庆庆不再躲着继母了，继母也经常带庆庆去看电影、到游乐场一起玩耍、吃美食……

慢慢地，庆庆觉得这个继母和自己的妈妈一样都是有爱心的好妈妈，于是改口叫“妈妈”了，也不再躲避了。

（1）自然面对，不要回避。面对新来的继父（母），不要刻意抵触，要自然接触，因为这是事实，是不能回避的。

（2）尊重是必需的。继父（母）进家后，如果你一时无法接受，可以不改口，但要尊重继父（母），真心相待，爱护家庭，帮父母分担家庭的困难。

（3）巧妙解决，不发生正面冲突。一家人生活在一起，发生误会是正常的事。如果生活中真的发生了不愉快，不要抱怨，不要正面冲突，可以坐下来敞开心扉谈谈，可以使用电话、短信、QQ、微信等方法交换意见，合理解决。

（4）不要挑拨是非，更不要添油加醋。有了矛盾，要实事求是，不要故意隐瞒事实，添油加醋，造成家长的矛盾升级。明白继父（母）也不容易，也需要你的理解与认可。

（5）学会换位思考。每个人都有自己的思维方式、习惯与主见，彼此不要太强迫，多给对方点时间和空间，不要把自己的想法强加于人，以免好心办坏事。少年男生在家庭中应让自己扮演“幸福调和剂”的角色，让家长快乐和幸福。

（6）特殊的关心与爱。做一个有心的少年男生，遇有特殊节日（父母生日、继父母的生日、结婚纪念日等），要制作小礼品，给他们送上真心的祝福。

“不是一家人，不进一家门”，既然成了一家人，就要好好珍惜，敞开心扉接纳他（她），或许醒来的第二天早晨阳光会更加温暖和明媚。

21. 与继父(母)的孩子怎么相处

兄弟姐妹间本就少不了争吵打闹，一切归于平静后，你们一定会很快就和好如初。但如果这个兄弟姐妹是继父（母）带来的，没有血缘关系，你知道该怎么和他们相处吗？

12 岁的壮壮不喜欢继父带来的哥哥，因为以前吃、穿、用都是他一个人的，现在不管做什么都要两个人分。虽然哥哥比他大两岁，但是壮壮总是想方设法地“戏弄”他。

一天，哥哥按要求费了好大工夫画了一幅水彩画，准备参加学校举办的书画展。刚刚画完，水粉还没有干透，哥哥就把画晾在了阳台的窗户上。不怀好意的壮壮故意拿着一杯橙汁来到阳台。他趁哥哥不注意假装摔倒，把橙汁倒在了画上，没有干透的水粉和橙汁混合变成了一幅惨不忍睹的画面。

哥哥看到后大发雷霆，两个人扭打到了一起，结果两败俱伤。家长回来后问明情况，因为对这件事情的看法不一致而闹了别扭，吵闹起来。继父一气之下，带着哥哥回了老家。看着生气的妈妈，壮壮后悔不已。

（1）学会尊重，不要有狭隘心理，要宽容、大度一点。与没有血缘关系的兄弟姐妹相处，一定要能接纳对方，不要太苛刻，彼此尊重、友好、和睦相处，才是最根本的大事，这也是家庭幸福的基础。

（2）学会换位思考，遇事多想着对方。双方因为琐碎事情发生的误会，要冷静、理智，换位思考，不要钻“牛角尖”，应该以家庭和睦为前提，多从自己身上找问题，牢记矛盾、误会宜解不宜结。

（3）学会帮助，多付出。既然生活在一起，不论是学习还是生活，都要互相帮助、互相谦让，多做点，多付出点，就会赢得对方的尊重，赢得对方的喜欢，赢得对方的欣赏。

（4）学会沟通，多交流、多接触。平时要主动与兄弟姐妹交流，取长补短，互相了解对方的生活习惯与脾气秉性，不要求全、求大。

（5）及时请父母出面解决问题，化解矛盾。万一出现解决不了的问题，不要着急，应大胆地找家长或老师解决，避免争吵。要牢记一个原则——实事求是，不编造谎言。

与没有血缘关系的兄弟姐妹相处，要互相礼让，一家人和和睦睦，对再婚的父母来说是求之不得的喜事，更是对家长莫大的安慰。

22. 父母吵架

生活中的磕磕绊绊是无法避免的，即使是我们的父母也不例外。当他们吵架时，你是躲避还是做父母的调解员呢？

14 岁的小义已记不清父母吵了多少次架了，都麻木了。他害怕父母吵架，每次父母吵架，他就想找个地方躲起来，最好听不到他们的声音。

这次父母吵架，找到小义给他们评理。小义不想伤父母的心，于是，他躲到房间分别给父母写了便条，表达了自己的感受和对父母的希望。

没想到，这两张便条改变了父母的态度，他们不再争吵了。虽然也有矛盾，但是很多时候，父母都会叫上小义，一家人一起讨论问题、解决问题，家庭开始变得温暖了。

（1）要弄清楚父母到底是因为什么吵架。不要受干扰，不要盲目劝架，看到父母平静下来后，再仔细想一想解决的好办法。

（2）充当热心调解人。父母吵架了，要懂得心疼父母，不要置之不理，更不要大声呵斥，要充当一个热心的调解人，了解父母吵架的真实原因，要理智地进行判断，然后心平气和地劝父母“和为贵”，家里是爱的地方，不是吵架的地方。

（3）正确解决。如果发现父母是因为小事吵架，可以把父母“批评”一顿。如果是大事，喊来家人，主要是爷爷、奶奶、外公、外婆，一起解决，一起商量。

（4）管好自己，不给父母找麻烦。少年男生以学习为主，要把学习搞好，在日常生活中，要多和父母聊聊天，对他们多些了解和理解，减少父母之间的矛盾。

自己可以在一旁装病，假装让父母担心。当看到父母吵架时，可以说头很疼，这时父母可能就会把注意力转移到你的身上，从而停止吵架，这也是不错的方法。

23. 父母酗酒

酗酒的人，意志力一般都很薄弱，性格也倾向于软弱，有逃避现实的倾向。本来适量饮酒，可以减轻疲劳，忘却烦恼，心情舒畅，增加社交活动和节日中的欢聚喜庆气氛。但是，过量饮酒，以致饮酒成瘾，不仅会危及自己的健康和家庭的幸福，对社会也会造成种种危害。如果父母酗酒，你该怎么办呢？

小弛10岁了，他的爸爸因为生活的不顺利，经常发脾气、喝闷酒。每次喝酒回来，总是大喊大闹，周围的邻居都有意见。

一天晚上，爸爸又喝多了，回来就躺在

楼梯口不动了。正在这时，楼上的阿姨看了一眼躺在地上的爸爸，爸爸借着酒劲不干了，破口大骂。阿姨的老公听到后很生气，两个人越说越气，最后扭打在一起，惊动了整栋楼的邻居，大家纷纷打电话报警，才得以平息。

第二天早上，爸爸醒来才发现自己的脸上都是血痕。面对酗酒的爸爸，小弛不知道自己该怎么办。

（1）把握劝说戒酒的最佳时机。见到父母酗酒，当时不要乱说，要选择在父母冷静的时候、大脑清醒的时候，耐心交谈，直到父母认识到酗酒的危害。

（2）巧妙寻求他人的帮助解决问题。如果父母不听劝解，可以找到父母的长辈或父母尊重的朋友，请他们帮忙劝说。

（3）用事实说话，让父母知道你的孝心。直截了当地告诉父母你对他（她）酗酒的担心、惦记与不安，必要时，可以列举一些酗酒引起危害的例子，让父母引起足够的重视。

（4）机智阻止，保护父母。平时，可以采取一些特殊的措施阻止父母饮酒，让父母拒绝出席一些饮酒的活动，让父母走出家门，带自己参加社会公益活动、去图书馆读书，或短途旅游，让他们远离酒精。建议父母去医院进行专业、正规的戒酒治疗，或寻求心理医生的帮助，戒除酒瘾。

要彻底戒除酒瘾，关键是酗酒的人必须真正认识到过量饮酒的危害性，决心戒酒。少年男生们可以通过报刊、书籍或网络等方式，让酗酒的父母认识到酗酒的危害，帮助父母转变。

24. 父母闹离婚

同学们，你们也许早就知道世界上有离婚这种事。不过，一直以来，你可能都认为离婚是其他父母的故事。突然，有一天你的父母也加入离婚的行列了。

刚听到父母离婚这个消息时，你可能会感到有些麻木，随后悲伤、困惑、愤怒和恐惧接踵而来……

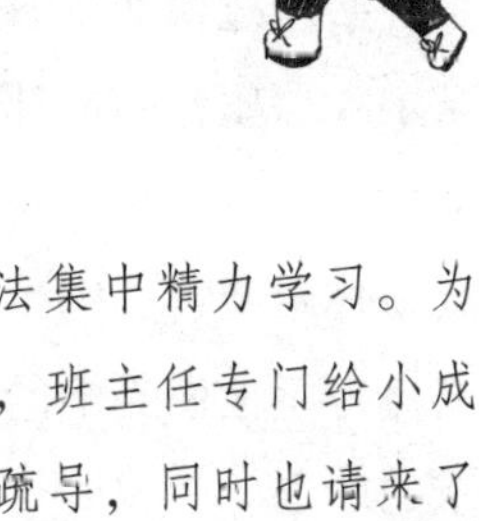

离中考的日子越来越近，班主任却发现15岁的小成学习成绩直线下降，原来爱说爱笑的他，现在经常一个人愁眉苦脸。

细心的老师经过了解，知道了事情的真相。原来，小成的父母在一个月前开始闹离婚，天天闹着去法院……

父母闹离婚，对小成的影响很大，他无法集中精力学习。为了帮助小成能够正确对待父母闹离婚的事情，班主任专门给小成找来了心理老师。心理老师对他进行了心理疏导，同时也请来了小成的父母和小成谈心，让他了解父母闹离婚的原因。

经过老师和父母的共同努力，小成逐渐理解了父母，能够理智地面对他们闹离婚的事实了。因为小成心里知道，父母对他的爱从未间断和缺少过，即便离婚了，也只是换了一种爱的方式，并不会抛弃自己。

（1）不偏袒。尽一切可能回避父母的冲突，看到或听到父母正在闹离婚的争吵场面时，尽量不要掺和进去，应巧妙地让自己置身事外。可以给朋友打电话，可以播放音乐，可以借故走开，去外面读书，可以逗逗宠物，因为此时你帮谁，都没有好效果。

（2）寻找机会，巧妙介入。父母闹离婚吵架后，情绪平和了，要主动和父母谈心，告诉他们你的感受。

（3）正确对待。一旦父母离婚，要接受“离婚事实”，不要任性，要认识到自己没有能力修复父母离婚的复杂问题。父母解决或是不解决他们的问题，是他们自己的权利，父母任何一方都有追求幸福的权利。

（4）让自己的生活变轻松。想办法避免令人窒息的气氛，你也许必须过两次生日、两次圣诞节。你可以让父母中的一个某天来学校探望你，而让另一个在另一天来看望你。你还可以把全天的学校开放日分成两个半天，告诉父母自己不喜欢别别扭扭的聚会，你希望自己的生活能保持平静。通过这样的办法，你就可以避免抱怨他们当中的任何一位，并且让他们知道自己是需要被尊重的。

(5) 关注自己的生活。当你把自己从父母的冲突中解救出来以后，你就能更好地打理自己的日常学习与生活了。但是，要保证不会把自己对父母离婚的感受带给其他人。

(6) 充分感受情感。父母离婚是很伤人的，这一点毋庸置疑，会让人非常想逃避那种受伤的感受。无论它有多令你痛苦，你都应该允许自己去感受它。你已经体验了什么是“失去”，它能引起悲伤、愤怒、担忧和困惑等情绪，但你没必要自己单独承受这些痛苦，你应该向特殊的朋友们或是关心你的、值得信任的亲人们倾诉你正经历的事情。要知道与人分享你的感受，不等于家丑外扬。辅导员、亲戚和朋友的父母们会为你保密的。

父母闹离婚时，要管好自己，认识到自己长大了，学习要抓紧，吃好、休息好，保证身体健康，不要过于悲观与紧张。

25. 亲人突然生病了

一家人和睦快乐地生活，每天彼此分享快乐，是每个少年期待的家庭生活。可是，有一天亲人突然生病，打破了原有的生活规律的时候，你是着急、不知所措呢，还是坦然面对，帮助亲人渡过难关呢？

小川14岁了，上初二，与爷爷的感情特别好。一天，爷爷摔倒在床边一动不动。小川想起妈妈嘱咐过自己，说爷爷的心脏不好，万一突然生病了，要马上拨打120电话，给爷爷吃速效药。于是，小川立刻拨打了120电话，又找来速效药，给爷爷服下去，然后，分别给爸妈打了电话，一直陪在爷爷身边观察。

急救车及时进了家，经过抢救，爷爷已经苏醒了。医生检查爷爷的身体后，表扬小川及时拨打了急救电话，及时喂服急救药，是个懂事的好少年。

（1）要有耐心。一般情况下，突然生病的人不管是哪个年龄阶段的，最终的心理状态都是小孩的心理状态，应该有足够的耐心，安慰突然生病的亲人。

（2）给突然生病的人以信心支持。家里人突然生病了，要多与病人交流，增加病人的安全感，通过这种方式告诉病人，你随时都在他身边，让病人安心、放心。

（3）使用肢体语言，暗示病人有人关注。肢体语言很重要，应适当与病人的身体接触，尽量握着病人的手，给予病人支撑并安慰病人很快就好了，不要紧张。

（4）担当起支撑家庭的重任。家人突然生病了，不要还把自己当成孩子，要敢于承担，主动做一些力所能及的家务劳动，让患病的亲人可以安心养病。

（5）管理好自己。要合理安排好自己的学习、生活等各项活动，充分利用一切可以利用的时间来搞好学习，要使自己始终保持良好的心理状态。

对于突然生病的亲人，除了要多做，也一定要多说，有时候你做了却没有主动与病人交流也是于事无补的，心理护理与生理护理同等重要，你在做，但是你没有与患病的亲人交流，你就无法得知病人最需要的是什么，你该怎么做病人才舒适。要主动关心、体贴病人的病痛，在讲话的态度、语调、方式上都要比平时更为亲切和蔼，尽可能在精神上消除病人的痛苦和不安。如果亲人因病痛而情绪不佳时，要格外小心谨慎，多理解病人的烦躁心情，学会忍让、照顾。

八、意外伤害

1. 没有心跳与呼吸了

少年男生知道吗？抢救没有呼吸的患者，务必要争分夺秒，每一分钟、每一秒钟都可能会抢救或丧失一个鲜活的生命。在关键时刻，务必要善于利用一切资源和智慧确保唯一的生命，必须要掌握急救技能。

小城10岁了，和小伙伴们来到一棵大树下，他们对树上的喜鹊窝惦记了很久。因为大树又高又大还有繁茂的树叶遮挡，夏天他们一直没有下手的机会。

冬天树叶落尽，喜鹊窝可以看得一清二楚了，他们找来了自制的梯子爬上了树杈，小城爬得比别人快，眼看就要接近喜鹊窝的时候，他突然感觉像被刺穿一样，直接从树上跌了下来，一动不动。

小伙伴们吓得纷纷从树上跳下来，跑回家说“小城摔死了”。家长得到消息后，立刻拨打了急救电话，急救车立即赶到，医生给小城实施了心肺复苏，直到他有了微弱的气息与心跳，大家才松了一口气。

原来，小城在树上触到了电线，摔落下来。虽然经过积极抢救保住了性命，但是由于当时没有给他及时实施心肺复苏，导致脑部严重缺氧，需要休学调养。

（1）立刻查看有无呼吸。呼吸道畅通的情况下，用耳朵贴近患者的口鼻，听有无气流通过的声音。或用面部贴近患者口鼻处，感觉有无气体呼出。同时观察患者的胸口有无起伏。如果没有自主呼吸，要立即进行人工呼吸。

（2）口对口人工呼吸。第一，让患者平卧，松解腰带、衣扣，清除口腔内的杂物，保持呼吸道畅通。用一只手托起患者的下颌，尽量使其头向后仰。另一只手紧捏患者鼻孔，以免漏气。第二，施救者深吸一口气，紧贴患者口部向内吹气，直至见到患者胸廓升起为止。第三，吹气完毕后，施救者抬头，离开患者的口，同时松开捏患者鼻子的手，让其胸廓及肺自动回缩，出现呼气动作。第四，反复进行，每分钟吹气 12～16 次。吹气量要适中，不要过猛、过大，以防吹破肺泡。但吹气量也不要过小，以免气体供应不足，没有效果。

（3）胸外心脏按压术。首先，患者仰卧于硬板床或地上。其次，施救者以一掌根部放于患者胸骨下 2/3 处，将另外一只手掌压于其上，前臂与患者胸骨垂直，以上身前倾之力向脊柱方向做有节奏的带冲击性按压，每次使胸骨下陷 3～4 厘米，随即放松，以利于心脏舒张。最后，按压每分钟 80 次左右，直至心跳恢复。注意事项有三点：一是按压位置要正确，不能在心前区剑突下。二是按压用力适宜，过重会导致肋骨骨折，心包积液，过轻达不到目的。三是进行本操作时，应进行人工呼吸。

抢救时，施救者要争分夺秒，集中精力，密切观察患者情况，同时招呼其他人拨打120急救电话。

2. 出血种类

少年男生知道吗，血液是人体不可缺少的物质，它携带的营养成分和氧气是人体各组织器官进行生命活动的物质基础。人体一旦缺少了血液，就会发生问题，甚至危及生命安全。

13岁的小湖上初二，下课后他留下做值日。一个男同学与他开起了玩笑，两个人追逐起来，不小心，小湖的肚子磕到了桌角，疼得他蹲在了地上。同学们赶紧过来查看，过了一会儿，小湖觉得没事了，便继续打扫卫生。

回到家，小湖觉得肚子还是疼，以为是吃坏了肚子，还吃了些药。第二天早晨，小湖肚子疼得已经下不了床了。爸妈赶紧带他到医院检查，才得知他的肝、肾部位都有轻度的损伤，有瘀血的迹象。医生立刻进行了治疗，批评他随意打闹，被磕碰后不及时到医院看医生。

「意外受伤」

（1）内出血。判断内出血的要点是：看有无从嘴里、鼻子里流出鲜血，如果有，说明有内出血。感觉体内有无疼痛、外伤、瘀肿，如果有异常，说明有内出血的嫌疑。看大小便有无异常颜色，如果大便发黑、发红，或有血尿，说明有内出血。感觉精神有无疲惫、乏力，思维是否清晰，有无模糊意识，头晕不晕，如果有，则可能有内出血。感觉呼吸、心跳与体温情况，如果不正常，说明可能有内出血。如果情况严重，要立刻告诉家长、老师，尽快去医院检查治疗。

（2）外出血。外出血分为动脉出血、静脉出血和毛细血管出血。动脉出血的特点是颜色鲜红，血流较快，常呈喷射状，非常危险，需要立刻止血。静脉出血的特点是血色暗红，血流较缓，危险性不太大，但也不能掉以轻心。毛细血管出血，血液缓慢渗出，没有危险，可以自行止血。

人体受伤后，由于内出血看不到明显的症状，很容易忽视，必须引起重视。快速判断内出血的方法是：皮肤苍白、湿冷、表情淡漠、少言寡语、呼吸变浅、烦躁不安、口渴等。

3. 正确止血

创伤包括皮肤破损、血管及神经断裂、骨折等，出血比较常见，其中肉眼可见的叫外出血，只要不是大动脉出血，得救的机会就比较多。内出血，短时间不易判断，当出血量达到一定程度时，伤者会休克、疼痛。

8 岁的小龙从小身体一直很健壮，春节前，因为肺炎住院输液。小龙从来没有输过液，第一次输液，难免有些紧张。好在有妈妈和护士的安慰，他才慢慢适应了。躺了快两个小时，小龙浑身僵硬得难受，好不容易盼到快输完了，这时，妈妈出去接电话了。护士小心翼翼地给小龙拔了针，告诉他轻按一会儿针眼处就可以了。

小龙只顾得放松自己的身体了，没有听护士的话。当他弯腰系鞋带的时候，看到自己的手上有好多血，一紧张，甩到了洁白的床单上。从来没见过自己出这么多血，小龙大哭起来，觉得自己快不行了。

护士和妈妈赶紧跑过来，帮小龙擦干血液，帮他轻轻按住针眼部位，一会儿血就止住了，护士告诉小龙，输液一般都是静脉注射，针眼部位需要轻轻按压一会儿，很快就止血了，不必紧张。

（1）毛细血管出血时，不必紧张。可以自然止血，也可以用创可贴贴住伤口。因为毛细血管破裂出血时，伤口较小，出血不多，用创可贴止血即可。

（2）动脉受伤出血时，要争分夺秒。发现动脉血管出血，正确的急救方法是采用指压法（或止血带）近心端止血，可以用纱布绷带包扎或指压法止血。

压：一种是伤口直接压迫，使用干净纱布直接按在出血区，能有效止血。另一种是指压止血法。用干净的手指压在出血动脉近端附近的骨头上，阻断运血来源，以达到止血的目的。

包：包扎所用的材料是纱布、绷带、弹性绷带或干净棉布，或用棉织品做成的衬垫。包扎的原则是先扎后包，力度适中。先扎后包，即先在伤口上盖上敷料（消毒的，够大、够厚的棉织品衬垫），然后再用绷带或三角巾包扎。这是因为常用的普通纱布容易摩擦伤口，给后续处理增加难度。力度适中，指的是包扎后应有止血的功效，远处的动脉还在搏动。包扎过松，会止血无效。包扎过紧则会造成远端组织缺血、缺氧坏死。

塞：用于腋窝、肩、口鼻处的填塞止血法，是用棉织品将出血的空腔或组织缺损处紧紧填塞，直至确实止住出血。填实后，伤口外侧盖上敷料，加压包扎，达到止血的目的。此方法有一定的危险性，除非必要，否则尽量不要采用此法。

捆：止血带止血，通常应急时使用，用于控制血液大量流出，但可能会造成神经和肌肉的损伤，也会因肢体出血引起全身性并发症，除非万不得已否则不要使用此法。止血带不要直接与皮肤接触，利用消毒的棉织品做衬垫。止血带松紧要合适，以止血后远端不再大量出血为准。止血带定时放松，每 40 ~ 50 分钟松解一次，松解时要用手进行指压止血 2 ~ 3 分钟。

（3）内出血时，要引起足够的重视，立刻停止活动，告诉家长、老师，去医院检查治疗。

发现身体某部位出血时，要保持冷静，既不要麻痹大意，不理睬，也不能惊慌失措，导致情绪失控。

4. 简易包扎

生活中，少年们常常会因为疏忽或是突发事件而导致意外伤，如果少年们自己或是身边的人受伤了，你会进行简易包扎来减少不必要的“二次伤害”吗？

春天天气晴好，11 岁的小军带着 5 岁的弟弟在公园里放风筝。平时每次都有爸爸帮忙，今天小军一个人放飞很不顺利，风筝总是掉下来，还得一次次去捡，太累了。小军给弟弟布置了任务，让他去捡风筝，这样即省了小军的体力，还锻炼了弟弟的身体。弟弟不亦乐乎地捡，一点儿都不嫌累。

突然，弟弟由于跑得太快，被小石子绊倒大哭。小军赶紧跑过去安慰弟弟，弟弟除了说胳膊疼，也没有看到其他外伤。小军怕妈妈说他，就哄弟弟不要告诉别人摔倒的事，如果弟弟不说，过两天就送给弟弟一个玩具冲锋枪。弟弟答应了，回家没有说。

晚上，妈妈知道了这件事，把小军狠狠地批评了一顿。原来，弟弟摔倒时扭伤了脚，因为当时弟弟的疼痛感不明显，就没有再哭，继续行走玩耍，到了晚上脚肿得老高。到医院检查，医生说很严重，需要住院治疗。以后遇到这种情况应该进行简易包扎固定扭伤的脚，避免让受伤的脚继续活动，如果及时采取措施，弟弟的脚就不至于受到“二次伤害”了。小军听后惭愧地低下了头。

（1）螺旋包扎法。绷带卷斜行缠绕，每卷压着前面的一半或1/3。此法多用于肢体粗细差别不大的部位。

（2）环形包扎法。常用于肢体较小部位的包扎，或用于其他包扎法的开始和终结。包扎时，打开绷带卷，把绷带斜放在伤肢上，用手压住，将绷带绕肢体包扎一周后，再将带头和一个小角反折过来，然后继续绕圈包扎，第二圈盖住第一圈，包扎数圈即可。

（3）反折螺旋包扎法。做螺旋包扎时，用一拇指压住绷带上方，将其反折向下，压住前一圈的一半或1/3，多用于肢体粗细相差较大的部位。

（4）“8”字包扎法。多用于关节部位的包扎。在关节上方开始做环形包扎数圈，然后将绷带斜行缠绕，一圈在关节下缠绕，两圈在关节凹面交叉，反复进行，每圈压过前一圈一半或1/3。

简易包扎适合外伤的处置，可以避免感染和“二次伤害”。包扎完毕要立即送往医院进行专业诊治。

5. 骨折

无论是什么原因，一旦受伤，就要认真对待，只要意识清醒，没有生命危险，就要认真观察、判断受伤部位是否骨折了，这是非常重要的步骤。

14 岁的小庆酷爱体育锻炼，每到周日下午，他就积极地去健身房找他的专业指导教练锻炼身体。今天的训练项目是臂力练习，他没有做热身运动，就着急地全力投入训练了。

突然，他觉得自己的胳膊响了一下，之后酸疼。他觉得自己肯定是骨折了，吓得不敢动弹。教练急忙过来询问，让小庆尝试着动动手臂。小庆轻轻动了动手臂，觉得有疼痛感，不敢用力。

为了安全起见，教练通知了家长，一起带小庆来到医院拍 X 光片。确定不是骨折后，小庆终于长出了一口气。

（1）造成骨折的原因。主要是由外伤引起的，以跌伤、砸伤、撞伤、轧伤常见，如被行进的机动车、自行车、三轮车、马车撞伤；被重物挤伤、压伤；被倒塌的房屋、大树、电线杆、墙砸伤。生活中，手指或脚趾不小心被石块、砖头等砸伤，或被门缝、窗棂、椅子腿等挤伤，都容易导致骨折。

（2）骨折的显著特征。骨折可分为闭合性与开放性两种，前者皮肤完整；后者皮肤破裂，骨折端与外界相通。运动中发生的骨折多为闭合性骨折，它是运动创伤中严重的损伤之一。骨折随时随地地发生在人们身边，需要特别提防。骨折后的典型表现是骨折点周围出现局部变形，肢体出现异常运动，移动肢体时可听到骨擦音。此外，骨折点四周剧痛，局部肿胀、瘀血，伤后出现运动障碍。一般情况下，常为一个部位骨折，少数为多发性骨折。经及时恰当的处理，多数病人能恢复原来的功能，少数病人会有不同程度的后遗症。

发生伤情后，在没有生命危险的情况下，不要急着起来，因为一旦有骨折发生，着急爬、站起来，容易导致骨折点受到“二次伤害”。

6. 处置骨折

骨折病人的典型表现是患者疼痛难忍，骨折点出现局部变形，肢体等出现异常运动，移动肢体时，可听到骨擦音。此外，伤口局部肿胀、瘀血，伤后出现运动障碍。

14 岁的小武陪着 11 岁的弟弟练习骑自行车，弟弟很快就学会了。弟弟觉得自己会骑了，扬扬得意地骑出了很远，小武在后面追得气喘吁吁。

突然，小武眼看着弟弟一个趔趄，连人

带车倒了下去。小武飞快地跑到弟弟跟前一看，弟弟的左脚插在自行车轮里出不来，疼痛难忍，大哭着。

小武赶紧使劲把弟弟的脚从车轮里拽了出来，这一拽不要紧，弟弟疼得冒了汗。他把弟弟扶上自行车后座，骑着自行车穿梭在石子路上，一路颠簸，一路飞奔。终于把弟弟带回家。

妈妈赶紧带着弟弟来到医院，拍片后发现脚骨折，而且伤情复杂。医生说弟弟的脚原本骨折不是很严重，后来因为小武让弟弟坐在自行车后座，脚悬空又遭遇颠簸，骨折的地方一直没有被固定，才造成了“二次伤害”。小武为自己的无知哭了起来。

（1）如有伤及皮肤出血者，要清除可见的污物，然后用干净的棉花或毛巾等加压包扎。

（2）四肢开放性骨折有出血时，不能滥用绳索或电线捆扎肢体。可用宽布条、橡皮胶管在伤口的上方捆扎。捆扎不要太紧，以不出血为宜，并且要隔 1 小时放松 1～2 分钟。上肢捆扎止血带应在上臂的上 1/3 处，以避免损伤桡神经。

（3）上肢骨折可用木板或木棍、硬纸板进行固定，然后用绷带或绳索悬吊于脖子上。下肢骨折可用木板或木棍捆扎固定，也可将双下肢捆绑在一起，以达到固定的目的。

（4）骨盆骨折，可用宽布条扎住骨盆，病人仰卧，膝关节半屈位，膝下垫一枕头或衣物，以固定身体，减少晃动。

（5）处置后，搬运病人送医院。搬运病人动作要轻，使受伤肢体避免弯曲、扭转。搬运胸椎、腰椎骨折患者，须由 2～3 人，同时托稳患者的头、肩、臀和下肢，把患者平托起来放在担架或木板上，平稳护送。

（6）回家康复过程中，家庭成员除应注意患者的用药、营养饮食外，还应着重加强护理，协助早期功能锻炼。

为了更好地使发生骨折的骨骼愈合，要根据骨折不同程度的伤情，配合食物和药物治疗。如多喝骨头汤，勤晒太阳等。

7. 搬运伤者

发现伤者后，如果不是必须紧急抢救搬运，最好不要随意移动伤者。如果必须搬运，要认真观察地形，计算时间、路线、速度，以决定搬运伤员的最好方法，以免造成不必要的“二次伤害”。

小学三年级的小天和同学来到一处废弃的工地爬墙头。站在墙头上，他俩摇摇晃晃的，玩得挺开心。同学用力蹦到另外一处高台时，不小心踩空，跌落下来，右胳膊着地。小天赶紧背起同学往社区诊所跑。

到诊所后，同学疼得落泪了。医生建议赶紧去大医院拍片。在家长的陪同下，大家来到医院拍了X光片，确诊为骨折，骨折点伤情复杂。本来骨折的病人是不能随便挪动的，可是因为小天不懂得这些常识，他背起同学时，又把同学的胳膊搭在了自己的肩膀上，这样就加重了骨折的伤情。同学无可奈何地听从医生的建议，用石膏模具固定了右胳膊，暂时也无法上学了。小天后悔自己不懂骨折的处理方式，好心帮了倒忙。

（1）单人搬运法。

扶持法。顾名思义，就是搀扶着伤者走，这种方法只适用于可以自己行走的伤者，是最简单、最容易成功运送伤者的方法。

拖行法。这种搬运方法适合拖行仰卧的伤者，或者是处于坐姿的伤员。具体要领是轻轻地把双手插到伤员的腋下，分别抓住两边的衣服，将伤员的头支撑在你的前臂间。将伤员向后拖行到最近的安全地方。要注意，在拖拽伤者的衣服时，千万不要影响伤者呼吸。

拖毯法。这个方法的前提条件是需要毯子，对于可以采用拖拉法移动的伤者，借助毯子，救助者将伤员平稳地移动到毯子上，然后朝安全方向进行拖拉。

背负法。将一个站着或者坐着的伤者背到背上，如果伤者已无知觉或者手臂有伤，就不要用这种方法。搬运伤者下楼时，如果你怀疑伤员头部或者脊柱受伤，或者断肢，就不要用这种方法。可能的话，用床垫或者地毯，平坦地垫在伤员身下。

爬行法。使用三角巾或撕开的衬衫等，把伤员的手扎在一起，把扎着的双手套在你的脖子上。用这种方法可以挪动比你重很多的人。

（2）简易担架。最安全可靠的方法是担架运送法，但是需要两个救助者，而且体力均等。发现伤者后，要立刻寻找身边有无携带的担架，如果有，立刻拿出来使用。如果没有现成的担架，就地取材，用桌面或门板当担架，或用两根坚硬的长杆、数根短杆以及毛毯或衣物来制作一个简易担架。不要用非刚性的担架运送疑似头部或脊椎受伤的伤者。使用前，要检查担架的牢固程度，判断能否承载伤员。在运送过程中，认真观察道路，预先判断狭窄地段能否通过担架，当通过不平整的地面时，尽量保持水平。救援者要互相配合，适时调整担架高度，以减轻地形起伏给伤者带来的影响。

所有的伤者都可能会因救援的动作而感觉到不适与疼痛加剧，记住不要更多地移动伤者，只有那些为保证伤者生命安全而必需的事，才有必要去做。运送中，安慰有知觉的伤者，可能的话，留人一直陪伴着他，直到医生到来。

8. 内脏脱出

虽然少年们的生活里很少出现内脏脱出的伤情，但是在灾难面前，在突然发生的车祸中，很容易发生内脏脱出的事。所以，掌握一些救治方法，多一些心理准备，多掌握一些卫生知识，在危急时刻对少年们是有益的。

暑假，13 岁的小明坐爸爸的车去郊区旅游。汽车进入山区急拐弯时，翻车了，爸爸受了重伤，昏迷过去。小明被锋利的石头刺伤了腹部，露出了肠子。他看到肠子后，惊恐万分，盲目呼喊、奔跑，导致大出血，失去了宝贵的生命。

（1）克服应激反应，提高心理承受能力。一般人看见内脏会感到恐怖，但在生死关头，少年们应明白“生命至上”。这时，必须要暗示自己没有什么可怕的，生命最重要，激励自己能够闯过这一关，战胜恐惧。可以想一想关公刮骨疗伤的画面，控制情绪。

（2）博览群书，平时多学习了解人体的生理结构。当你掌握了人体的基本结构后，可以预先有一个心理准备，一旦真的遇见了内脏脱出的事情，就不至于过于紧张了。

（3）自我保护，正确姿势。为了防止内脏继续脱出，减轻疼痛，伤者应以仰卧的姿势，屈曲下肢，膝下垫高，以减轻腹肌的张力。

（4）快速处置，相对固定，包扎正确。当意外发生时，内脏外露，为了避免腹腔内发生感染，一般不要把脱出的内脏送回腹腔，要采用保护性的方法进行包扎处理。正确包扎法：迅速用大块干净的纱布盖好脱出的脏器，然后用消毒的碗扣上，注意不要扣压内脏，然后用绷带进行包扎。如果没有碗，可以缠上纱布的腰带圈，扣住脱出物。

一旦受伤，要冷静，胆子小的人要暗示自己，深呼吸，注意调整自己的情绪，以免失去控制力，造成严重后果。

9. 被脏东西扎伤

被扎伤的小事在少年们的生活里会经常发生，万一发生了，你知道简单的治疗方式吗？你知道简便的包扎方法吗？因为你的大意或马虎，会造成更严重的后果吗？一旦你处理不好伤口，你后悔吗？

小磊今年上小学一年级，课间休息时，他和同学闹着玩，同学不小心用铅笔扎到了小磊的大腿。

当时，白白的腿上留有一个很小的黑点，小磊以为是铅笔画的印，并没有在意。过了两天，腿上的黑点处开始泛红发痒。他找到妈妈查看并和妈妈说了和同学玩闹的过程。

来到医院，医生把留在皮肤里的铅笔屑取出，清洗了伤口，涂抹了外用消炎药。告诉小磊，被脏东西扎伤必须要进行消毒清洗，如果伤口深，还需要打破伤风针剂。好在小磊的伤口不严重，注意防止皮肤感染就没有什么大碍了。

（1）不要隐瞒，认真处理。被扎后，不要刻意隐瞒，要立刻告诉家长、老师，让他们帮助。如果家长、老师不在身边，要立刻用生理盐水把脏东西洗出来，然后用过氧化氢清洗伤口至深部，再用生理盐水洗一遍，最后用碘酒消毒伤口周围的皮肤，不要擦到伤口里面。

（2）必须去医院治疗，不能耽误。如果伤口严重，特别是深窄、闭合的伤口更不能大意，如果是被埋在地里生锈的铁钉、树枝扎伤，要立刻去医院处理，按照医生的医嘱，打破伤风抗毒素。

（3）处处小心，安全第一。日常学习生活中，不要带坚硬物品或有危险的刀具之类的东西，更不能随意打闹，避免误伤。

扎伤后一定要保持理智，正确处理伤口，认真消毒清洗，因为皮肤破损很容易感染，千万不要麻痹大意。

九、非常情况

1. 陷入洞穴

少年们在户外活动时，知道地域环境的复杂吗？如果你在没有准备的情况下，突然陷入洞穴中，你会害怕、恐惧吗？你知道该怎么办吗？

10 岁的小兵回老家给爷爷过生日，当看到爷爷家院子里有水井时，他和表姐到水井边打水。不料，表姐力量不足，把一桶水洒在了小兵脚下，小兵脚下一滑掉入井中，连续呛了两口冷水。井深 4 米，好在小兵学过游泳，他扑腾了几下，浮了起来。井的直径有 60 厘米，本能的求生欲望让小兵蹬住了井的两边。

舅舅及时赶来，小兵自己已经向上蹬爬了 3 米。舅舅拽住小兵的手，奋力把他拉了上来。

（1）沉着冷静，检查身体。坠入洞穴后，要保持冷静，立刻检查身体有无受伤，如果有出血，应该立刻止血；如果呼吸道堵塞，要立刻清理呼吸道；如果有骨折，要注意保护骨折点，防

「陷入洞穴」

止造成“二次伤害”。

(2) 机智呼救，寻求外界帮助。稳定下来后，立刻认真查看四周有无危险，听洞穴上面有无人员，发现有人员走动时，要及时呼喊，或向上扔石头，发出求救信号。

(3) 坚强自信，努力自救。无论在什么情况下，都不要放弃。可以利用周围一切可以利用的材料（绳索、稻草等）进行自救。万一自救失败，要注意保存体力，耐心等待救援。

无论多么糟糕的环境都要保持乐观的心态，不断暗示自己，对自己说一定会有人救援的。

2. 空难

空难，指航空器等在飞行中发生故障、遭遇自然灾害或其他意外事故所造成的灾难。是由于不可抗拒的原因或人为因素造成的航空器失事，并由此带来灾难性的人员伤亡和财产损失。通常与“空难”意义相同的词汇还有“飞机坠落事件”或“坠机事件”。汉语中将各种飞行器，包括各种载人航空飞行器在起飞、飞行或降落过程中，由于人为因素或不可抗拒的原因导致的灾难性损失等事件统称为空难。

东南亚某国，一架私人飞机在飞行中坠毁。爸爸、妈妈带着 11 岁的亨利安全顺利地逃出了飞机残骸，在家长的引导下，亨利没有哭泣，而是积极帮家长收集食物、饮水、物资，与妈妈一起点燃“救命火”报警，3 天后，搜索人员发现了燃烧的火，他们得到了救援。

（1）听从指挥，不惊慌失措。空难发生后，踩踏、逃生口被堵死的现象常有发生。务必要听从乘务人员指挥，有序逃生是最重要的。

（2）认真听讲解，牢记守则。飞机起飞前，乘务人员会为乘客“上课”，告诉您安全出口在哪儿、怎样逃生等，乘客应认真听课，一旦遇到紧急情况，要听从指挥，从离自己最近的安全出口逃生，同时避开烟、火及障碍物等。

（3）系好安全带，减少飞机坠毁时给自己的冲击力。按照要求，主动系上安全带，按照飞机安全提示，保持俯身，双手抓住脚踝等安全姿势。

（4）警惕危险时段，提高警惕。乘客应时刻保持警惕，尤其是起飞后 3 分钟与降落前 8 分钟这两个时段。研究显示，80% 的空难发生在这两个时间段。危险时段，不宜在飞机上忙着看报、喝饮料、看电影或睡觉，这是不好的习惯。

（5）远离危险，提高生存能力。逃离飞机残骸后，如果伴有起火冒烟，乘客一般只有不到 2 分钟的逃离时间。如果飞机坠毁在陆地上，应逃到距离飞机残骸200米以外的上风向区域，但不要逃得太远，以方便救援人员寻找；如果飞机坠毁在海面，乘客应该尽快游离飞机残骸，越远越好，因为残骸可能发生爆炸，也可能沉入水底。在安全有保障的前提下，尽量收集更多的食物、饮水、药品与物资，以备长期生存之用。

掌握飞机失事的6大征兆：①机身颠簸；②飞机急剧下降；③舱内出现烟雾；④舱外出现黑烟；⑤发动机关闭，一直伴随着的飞机轰鸣声消失；⑥在高空飞行时一声巨响，舱内尘土飞扬，这是机身破裂舱内突然减压所致。

3. 海难

船舶在海上遭遇自然灾害或其他意外事故所造成的灾难，会给人们的生命财产造成巨大的损失。造成海难的事故种类很多，一般有船舶搁浅、触礁、碰撞、火灾、爆炸、翻沉，以及船舶主机和设备损坏而无法自修以致失控等。

要知道一个简单的生理常识，人的体力不同，在水中生存的时间也不同。一般来说，人浸泡在15℃～20℃的水中，可生存12小时；水温10℃～15℃，多数人可生存6小时；水温5℃～10℃，有一半人可生存1小时以上；水温2℃～5℃，大部分人的生存时间不会超过1小时；水温2℃以下时，一般人只能耐受几分钟。

这里还不包括恐惧心理的影响，而只是说生理上的耐受力。低水温环境下，体内各重要器官会发生严重的功能失调状态，这是海难导致死亡的主要原因。

“泰坦尼克号”失事应该是史上最著名的海难事件。“泰坦尼克号”在行驶途中撞上了冰山，差不多两小时后沉没。

这艘当时世界上最大、最豪华，被称作“永不沉没的船”和“梦幻之船”，同时据称是最安全的邮轮，在其处女航途中意外沉没，有大约1500人遇难，令全世界震惊。

（1）保持镇定。面对即将沉没的船，首先要保持镇定，听从船长及工作人员的指挥，在撤离船舱前，要尽可能多穿衣服，戴上手套，围好围巾，穿好袜子、鞋等，认真、快速地穿好救生衣，救生衣一定要穿紧，不能松垮。即使没有救生衣，也不能脱掉衣服。

（2）积极自救。如果不会游泳，落水下沉前，拼命吸一口气是极其重要的，也是能否生存的关键。往下沉时，要保持镇静，紧闭嘴唇、咬紧牙齿，憋住气，不要在水中拼命挣扎，应仰起头，使身体倾斜，保持这种姿势，就可以慢慢浮上水面。浮上水面后，不要将手举出水面，要放在水面下划水，使头部保持在水面以上，以便呼吸空气。如有可能，应脱掉鞋子和重衣服，寻找漂浮物并牢牢抓住。这时，应向岸边的行人呼救，并自行有规律地划水，慢慢向岸边游动。在水中，要及时收集东西（食物、淡水、药品、物资等）。

（3）务必听从指挥。按照指挥，在短时间内奔到通向甲板的最近出口，尽快跑到甲板上。如果不得不离船，一定要穿好救生衣，跳水时，尽量选择较低的位置，同时要避开水面上的漂浮物，从船的上风舷跳下。如果船左右倾斜，则应从船首或船尾跳下。跳到水中时，应采取最好的姿势，双脚并拢屈到胸前，两手紧贴身旁，交叉放在救生衣上，使头颈露出水面，有节奏地呼吸。这样做，能稳定情绪、保持体温。

（4）及时发出求救信号。有效地利用反射光、信号筒、防水电筒、自制信号旗、海上救生灯、反光性强的铝制尼龙布等各种信号工具，发出求救信号，会增大得救的可能性。

海难发生后，盲目地跟着已失去控制的人乱跑乱撞是不可行的，一味地等待他人救援也会贻误逃生时间，必须采取积极的办法逃生。

4. 龙卷风

少年们知道吗，龙卷风产生的强风旋涡，中心附近风速极大，可达100～200米/秒。龙卷风的破坏性极强，可以拔起大树、掀翻车辆、摧毁建筑物，甚至把人吸走。龙卷风主要发生在夏季的中午至傍晚。它可以在任何地区形成，并分为陆龙卷、水龙卷、沙漠龙卷等。

10 岁的小宝与妈妈去南方某海岛玩，妈妈在海边拍照，小宝在山上捉蚂蚱。忽然，远处传来“噼里啪啦”的响声，小宝探头向前面看，只见在百米高的空中，一条“乌龙”正高速旋转着向着山头的方向移动。

小宝很奇怪，不知道龙卷风的厉害，站起来观察龙卷风，不幸被龙卷风卷上天空的树枝扎伤，全身流血。妈妈及时赶来，把他送进了医院。

（1）立刻隐蔽，不能冒失，立刻自保。如果独自在外发现龙卷风，不要好奇观察，要立刻观察龙卷风的方向，使自己的位置与龙卷风的方向错开。根据地形情况，选择安全的隐藏地点。如结实的房屋中、地下室、桥梁底下、涵洞中、过街地下通道中、地窖里等。

（2）选择最安全的位置。龙卷风到来后，如果你在室内躲避，应该远离迎对龙卷风的窗户、门与玻璃，立刻蹲在结实的家具下、背风的另外一面的墙壁下，卫生间的墙角处等。

（3）远离危险的地点。当龙卷风来袭时，自行车、汽车、大树、广告牌、桥梁、高压电线架、电视发射塔、电线杆是极其危险的“杀手”，因为它们随时都可能被抛掷到空中，造成自由坠落。所以，要远离车辆、桥梁、大树、广告牌、发射塔等。

无论在何种情况下，都不应在龙卷风接近时留在车内，因为龙卷风所过之处，任何车辆都容易被卷起并抛掷到空中。

5. 被压埋

房屋倒塌，地下作业塌方，旅游中进入洞穴、废弃的窑洞、遇到枯朽的大树等，都可使人被压埋。

轻者，自己处理一下即可。较重者，头颅、胸腹、脊椎、四肢均可受伤，可能会造成颅内、内脏破裂大出血或四肢骨折，乃至脊椎骨折后瘫痪，甚至发生窒息，导致死亡。

14 岁的典典从小父母双亡，一直跟着姥爷、姥姥长大。放假期间，他从学校回姥姥家团聚。当天晚上，姥姥家的房屋因为当地村民开山放炮突然倒塌，典典被压埋在其中。

典典保持冷静，快速把堵着鼻子与嘴的沙石土块抓走，让呼吸畅通，然后慢慢尝试移动身体，找到最佳位置后，为保存体力，安静地等待救援，时不时用石块敲打，为外界提供位置信息。两小时后，村民们赶来，典典终于获救了。

（1）防止“二次伤害”。被压埋后，要保护自己不受新伤害，先设法把双手从埋压物中抽出来，设法保持呼吸畅通，尽量挪开脸前、胸前的杂物，清除口、鼻附近的灰土。一旦闻到煤气及有毒异味，或感觉灰尘太大时，要设法用湿衣物捂住口、鼻。

（2）改善环境，消除危险。设法避开身体上方不结实的倒塌物、悬挂物或其他危险物，搬开身边可搬动的碎砖瓦等杂物，扩大活动空间。注意，搬不动时，千万不要勉强，防止周围杂物再次倒塌。设法用砖石、木棍等支撑残垣断壁，以防造成新的倒塌。不要随意搬动室内的设施，包括电源、水源、煤气管道等，也不要使用明火。

（3）设法脱离险境。设法与外界取得联系，仔细听听周围有没有其他人，听到人声时，在大声呼喊的同时，用石块敲击铁管、墙壁，以发出呼救信号。试着寻找通道，观察四周有没有通道或光亮，分析自己所处的位置，判断从哪个方向有可能脱险。试着排除障碍，开辟通道。若开辟通道费时过长、费力过大或不安全时，应立即停止，以保存体力。

（4）保护自己，等待救援。如果暂时不能脱险，要耐心等待，保护好自己，等待救援。保存体力时，不要大声哭喊，要尽量闭目休息。不要勉强行动，待外面有人营救时，再按营救人员的要求配合救援。被救出后，按医生要求保护眼睛，因为长时间处在黑暗中的眼睛不能受强光的刺激，进水、进食要遵医嘱，以免肠胃受到伤害。

（5）想方设法，维持生命，哪怕只能延续几秒钟。立刻寻找身边的食物和水，节约使用食物和水。如果受伤了，想办法包扎，快速止血，以防伤口感染，尽量少活动。

被压埋时，有许多人表面并未见损伤或出血，但很快会昏迷或死亡。其原因多为内脏破裂导致内出血，或头部震伤后颅内出血。所以，凡被压埋患者，一旦被救出后，虽是“轻伤”，但也要认真检查，不可麻痹大意。

6. 森林大火

假期有很多少年男生喜欢到各地的名山大川旅游，掌握一定的森林火灾常识和避险技能，对于保全生命财产安全是非常有必要的。

暑假，9 岁的小虎与家长去外地旅游。进入森林时，小虎抓了几只蚂蚱，点燃松针烧烤蚂蚱，最终导致森林大火。

一家人急忙逃生，由于火势迅猛，大家都不同程度地被烧伤。幸亏护林员发现及时，急忙启动了紧急灭火预案，保住了小虎一家人的生命安全。但是，数百棵松树被烧毁，小虎的家长将面临相应的处罚。

（1）认识森林大火的危害。森林火灾对人身造成的伤害主要来自高温、浓烟和一氧化碳，容易造成热烤中暑、烧伤、窒息或中毒，尤其是一氧化碳具有潜伏性，会降低人的精神敏锐性，中毒后不容易被察觉。因此，一旦发现自己身处森林着火区域，应当立刻使用沾湿的毛巾遮住口鼻，附近有水的话，最好把身上的衣服浸湿，这样就多了一层保护。然后，要判明火势大小、火苗延烧的方向，应当逆风逃生，切不可顺风逃生。

（2）注意观察风向，不能麻痹大意。在森林中遭遇火灾，一定要密切观察风向的变化，因为风向就是大火蔓延的方向，这就决定了你逃生的方向是否正确。实践表明，现场刮起 5 级以上的大风时，火灾就会失控。突然感觉到无风的时候，更不能麻痹大意，这时往往意味着风向将会发生变化或逆转，一旦逃避不及，便容易造成伤亡。

（3）自保的方法。呼吸道、眼睛、皮肤是重点保护的部位，要采取特别的办法。当烟尘袭来时，要用湿毛巾或衣服捂住口鼻迅速躲避。躲避不及时，应选在附近没有可燃物的平地卧地避烟。切不可选择低洼地或坑、洞，因为低洼地、坑、洞容易沉积烟尘。如果被大火包围在半山腰，要快速向山下跑，切忌往山上跑，因为通常火势向上蔓延的速度要比人跑得快得多，火头会跑到你的前面。一旦大火扑向你的时候，如果你处在下风向，要果断地迎风横向逃生，巧妙地突破包围圈，切忌顺风逃生。如果时间允许，可以主动点火烧掉周围的可燃物，当烧出一片空地后，迅速进入空地中央安全地点，卧倒避烟。

（4）不要发生“二次伤害”，及时清点人数。安全、顺利地脱离火灾现场后，尽量不要在灾害现场休息，要防止蚊虫或蛇、野兽、毒蜂的侵袭。集体或结伴出游的朋友应当相互查看一下伙伴们是否都在，如果有掉队的人，应当及时向当地灭火救灾人员请求救援。

外出的活动地域在山区或林区时，一定不要乱用烟火，要自觉遵守林区的防火规定。

7. 泥石流

在适当的地形条件下，大量的水体浸透流水、山坡或沟床中的固体堆积物质，使其稳定性降低，饱含水分的固体堆积物质在自身重力作用下发生运动，就形成了泥石流。

通常情况下，泥石流暴发突然、来势凶猛，面积、体积和流量都较大，泥石流高速冲击，具有强大的能量，因而破坏性极大。泥石流流动的全过程一般只有几秒钟、几分钟，长的有数小时。

暑假，13 岁的小米回农村姥姥家。中午，他独自去村口的山边捉蚂蚱，由于前天夜间下了一场小雨，导致了泥水与渣土滑坡。看着快速冲下来的泥石流，小米吓呆了，幸亏一位村民发现了他，拉着他跑出山脚，避免了危险。

（1）注意天气情况，远离山谷，不停留。外出前，注意收听天气预报，避免雨季出行。进入山区活动，不得已进入山谷时，要注意了解情况，掌握当地的地质变化规律，一旦遭遇大雨，要迅速离开山谷，绝对不要在谷底过多停留。

（2）眼观六路，耳听八方。注意观察周围的环境，特别留意是否能听到远处山谷传来打雷般的声响，如听到要高度警惕，这很可能是泥石流将至的征兆。如果闻到腥气味，不要靠近山谷。

（3）露营选择安全地域。外出时，进入野外荒野地域，要建议家长选择平整的高地作为营地，避开大量堆积物的山坡下面，不要在山谷和河沟底部“扎营”。

（4）正确逃生，横向移动。发现泥石流后，要马上与泥石流方向呈垂直方向向两边的山坡上面跑，爬得越高越好，跑得越快越好，绝对不能往泥石流的下游跑。因为固体堆积物浸水后，稳定性降低，在重力的作用下，容易发生无规则移动。

救助被泥石流淹埋的人有三个原则：一是不盲目实施救助，必须确保安全；二是尽量第一时间报警，呼唤成年人前来救助；三是从泥石流堆积物侧面开始挖掘，先救人，后救物。

8. 滚石

进入山区时，看似平常的地形、地物，不一定没有危险。要时刻提高警惕，不要等待危险来临时才后悔没有自救知识，平时要多学习野外生存知识，增强自己的安全意识，任何时候都有用。

放暑假，11 岁的牛牛跟着妈妈来采石场找爸爸。大大小小、奇形怪状的石头一下子吸引了他。

午饭后，牛牛一个人来到一个斜坡处，找寻自己感兴趣的小石子，想多带点回去跟同学们分享。正当他聚精会神地盯着小山坡时，发现从山上面开始飞落小石子。紧接着，脚底下一阵摇晃。

牛牛看见大块的石头滚了下来，吓得他飞快地往坡下面跑，结果被一块石头绊了一跤，嘴唇都被摔破流血了。爸爸及时赶来，看着满嘴流血的牛牛，赶紧给他找来了止血药。爸爸告诉牛牛，采石场很危险。采石时，强大的动力可能会震动到一些松动的山体，经常会有这种类似小滑坡的事故发生。遇到这种情况时，不能顺着石头滚落的方向跑，而要往垂直于滚石方向的山坡横向跑。虽然牛牛受了点小伤，但是他觉得自己有了生存的收获。

（1）首先要沉着冷静，不要慌乱。外出时遇到滚石，务必要观察情况，判断滚石的危险程度，采取最安全、最可靠的措施，迅速撤离到安全地点。

（2）眼观六路，耳听八方，分清轻重缓急，跑动方向就是生命。一定要观察好滚石的方向，要朝垂直于滚石的方向跑。在确保安全的情况下，离原居住处越近越好，交通、水、电越方便越好。切记，不要在逃离时朝着滚石的方向跑。

（3）选择安全的避险地点。不要将避灾场地选择在滚石的下坡地域，也不要未经全面考察，从一个危险区跑到另一个危险区。逃生时，要听从统一安排，不要自择路线。

（4）就地自保。情况紧急，无法继续逃离时，应迅速抱住身边的树木等固定物体，身体回避直面的滚石。也可躲避在结实的障碍物下，或蹲在地坎、地沟里。应注意保护好头部，可利用身边的衣物裹住头部。

（5）立刻将灾害发生的情况报告相关政府部门或单位。发现滚石时，如果影响了道路，应及时报告家长、老师，及时告诉有关部门，这一点非常重要。

（6）滚石停止后，不应立刻回家检查情况。因为滚石会连续发生，贸然回家，有可能会遭到第二次滚石的侵害。只有当滚石已经过去，并且自家的房屋远离滚石，确认完好安全后，在家长的允许下，方可进入。

遇到滚石，千万不要慌张，要保持镇定，才能做出正确的判断，这一点非常重要。绝对不能呆若木鸡，坐以待毙。

9. 雷电

少年们都见过闪电吧，是不是很神奇呢？在雷电发生时，高压电流通过建筑物、树木、金属物时，电流会在导体上产生高强度的电压。人触摸到这些带电的物体时，就会发生触电事故。

夏天，天色阴沉，眼看一场大雨即将来临。此时，8 岁的小明正在村里的大树下玩。不一会儿，天空开始掉雨点，隐约听到雷声，一道闪电朝小明附近的大树劈来，只见火花一闪，他突然倒地，身上的衣服多处被烧焦，失去了知觉。爸爸着急地寻找他，但为时已晚。

(1) 雷雨天气，尽可能不要在户外活动。上下学时，应等雷雨停后再出门，或错开雷雨时间。

(2) 保持情绪稳定，清醒地估计周围环境并迅速采取应对措施。不要待在山顶、楼顶、桥上等制高点，不要在孤立的高大建筑物和大树下避雨。如果在空地上，应立即蹲下，尽量降低自身高度并减少人体与地面的接触面，或者双脚并拢蹲下，头伏在膝盖上，但不要跪下或卧倒。雷电发生时，不要把铁器扛在肩上；要远离铁栏、铁桥等金属物体及电线杆。可适当选择一处建筑物或就近到洞穴、沟渠等处暂时栖身。在马路上行走，要小心绕开电线头，以免触电。雷雨天气，在户外不要接听或拨打手机。

(3) 掌握安全常识，不逞能。不要撑金属伞柄的雨伞在雨中行走，不宜快骑自行车，不能在雨中狂奔，因为身体的跨步越大，电压就越大，也越容易伤人。要尽可能远离建筑物外露的水管、煤气管等金属物体及电力设备。

(4) 紧急避险。当头、颈、手处有蚂蚁爬走的感觉，头发竖起时，说明即将发生雷击，应赶紧蹲在地上，并扔掉身上佩戴的金属饰品，这样可以减少遭雷击的危险。如果看见闪电，几秒钟内就听见雷声，说明自己已处于近雷暴的危险地带，此时应停止行走，两脚并拢并立即下蹲。

(5) 在家里也要注意防雷电。如果在家里，外面雷电交加，不要上网，不要使用调制解调器或 ADSL 设备，把电脑的电源插座拔掉，应确保电脑有良好的接地线。普通电话也应避免在雷击时使用。雷雨到来之前，应马上关好门窗，关闭室外天线，拔掉电源和电话线及电视闭路线等可能将雷电引入的金属导线，以防雷电进屋，损坏电器。不要站在灯泡下，不要冒雨外出收晒衣绳上的衣物。由于雷雨天气中，电流可能会通过水流或管道使淋浴者或触摸管道者遭雷击，因此雷雨天气不要使用淋浴器，不要触摸金属管道。

当雷电击中一个物体时，强大的电流会通过物体泄放到大地。人两脚站的地点电位不同，这种电位差在人的两脚间产生电压，也就有电流通过人的下肢。

10. 不明物质

外出活动时，无意中你看到过不明物质吗？这些不明的物质是否带给你很多的遐想呢？你好奇于它、惊讶于它，甚至还会无厘头地追随它，你问过自已有危险吗？现实中你知道该怎么办吗？

周日上午，11 岁的小浩与爸爸一起去球馆打羽毛球。路上，他无意间抬头时，看到了一个不明飞行物。

空中，一群飞翔的鸟里，一个黑色的庞

然大物，形状是椭圆形的。是 UFO 吗？小浩大呼起来，被这个不明物质吸引了，赶紧拿出手机拍照。由于没有观察道路，不小心掉进了路边的深沟里，伤得不轻。

（1）保持警惕性，任何时候都要把安全放在第一位。发现不明物质时，要保持安全距离，不要贸然接触，更不能随意拿、握、踢、打、近距离看，要认真问问自己安全吗？危险吗？会不会爆炸呢？有没有毒素呢？有没有传染性呢？有没有放射性呢？

（2）减少好奇心，最好不要追逐，也不要拿回家。不明物质情况特殊，形态也不一样，在没有把握或是不安全的地方遇到不明物质，可以标记地点、位置与形状，然后报告家长、老师或有关部门。千万不要擅自把不明物质拿回家。

（3）相信科学，不要人云亦云。遇到不明物质时，不要被眼前的东西迷惑，要善于思考，科学地看待不明物质，问问自己不明物质是不是符合科学原理，不能跟着别人起哄，散布谣言。

遇到不明物质的时候，最好保持安全距离，使自己处于安全的地方，然后要仔细观察，弄清楚不明物质的形态与形状，报告有关部门。

11. 冰雹

冰雹，也叫“雹”，俗称雹子，有的地区叫“冷子”，是一种固态降水物，系圆球形或圆锥形的冰块，由透明层和不透明层相间组成。它是一些小如绿豆、黄豆，大似栗子、红枣、鸡蛋的冰粒，特大的冰雹比苹果、柚子还大。

一般情况下，冰雹的直径一般为5~50毫米，大的冰雹有时可达100毫米以上，夏季或春夏之交最为常见。

冰雹灾害是由强对流天气系统引起的一种剧烈的气象灾害，它出现的范围虽然较小，时间也比较短促，但来势猛、强度大，并常常伴随着狂风、强降水、急剧降温等阵发性灾害性天气过程。我国是冰雹灾害频繁发生的国家，冰雹每年都给农业、建筑、通信、电力、交通以及人民的生命财产带来巨大的损失。

夏天闷热，一场狂风暴雨马上就要来临了。本来爸爸是不主张在这样恶劣的天气出门的，可是拗不过11岁的小青。父子俩打了一辆出租车前往图书馆，小青去查找资料。一会儿，大雨和冰雹从天而降，打得汽车玻璃啪啪作响。

突然，鸽子蛋大小的冰雹砸在出租车的前挡风玻璃上，司机一时慌神，把车子开进了绿化带。小青和爸爸尖叫着，头撞在了汽车玻璃上，都受了伤，赶来的警察立刻将父子二人送往医院，在急诊室里待了5个小时。

医生建议恶劣的天气尽量不要外出，特别是有冰雹的情况下，更不宜外出，小青这次长了记性。

（1）注意收听天气预报，主动了解活动地域的冰雹规律，预先有防范。遇到冰雹天气，要暂停一切户外活动，不能因为好奇，随意出行。

（2）突然遇到冰雹袭击，要保持镇静，迅速躲避。如果在郊外遇到冰雹，要立刻跑进防空洞里，进入岩洞中，躲避在突出的岩石下。如果附近什么也没有，应该立刻采取户外安全避险姿势，即半蹲在地，双手抱头，全力保护头部、胸与腹部不受到袭击。如果随身携带有包、文件夹，可以临时放在头顶，让危害减少到最低。实在没有物品时，可以把鞋脱下来，或者捡地上的大石头放在头上，也能起到缓冲的效果。

（3）注意交通安全。过马路时要遵守交通规则，不要抢道。如果家长开着车，提醒家长最好把车停在相对安全的路边，以免冰雹把挡风玻璃砸坏，干扰开车。注意不要在下冰雹的过程中着急下车，以防被冰雹砸伤。

（4）上下学的路上遇到冰雹，要立刻躲进附近的商店中、地下通道里。躲避时，不要看热闹，要远离照明线路、高压电线、变压器、大树、高大的广告牌，以防发生触电、砸伤。

（5）看到需要帮助的人，如小孩、盲人、老人、孕妇时，应在保护好头部的同时，迅速冲过去帮助其躲避到安全地点。发现有人被砸伤时，应立刻报警，同时呼叫救护车。

降雨多发季节，应了解天气变化情况，及时收听（看）天气预报。遇有雷雨、恶劣等天气，尽量不选择外出，切不可抱有侥幸心理。因为冰雹天气经常伴随着雷雨，甚至是龙卷风出现。

12. 溺水

溺水多发于夏秋季，尤多见于青少年。溺水者自水中救出时，一般呼吸减速、不规律、呼吸困难、紫绀、咳嗽，甚至呼吸、心跳停止，意识模糊，或时清时糊。溺水者常因窒息而死亡。

炎热的夏天，外出时，不要私自下水玩，如果突发溺水事件，你会正确应对吗？

暑假，小勇与妈妈回姥姥家。途中路过一个水库。小勇看到水边有好多的小鱼，其中还有带颜色的。他很惊奇，叫妈妈停车休息一会儿，独自来到水库边，用手去捞小鱼，可是没想到，清澈透明的水边却很湿滑，他的脚一滑，跌落在水中，顿时乱了方寸，惊慌失措，大声叫喊，连续呛了几口水。妈妈赶紧跑来，想把他拉上岸，但由于小勇拼命挣扎，把妈

妈也拉下了水。

母子俩人都慌了神，在水中挣扎着、喊叫着，连续呛水，眼看就要沉入水底了，幸好被水库管理人员发现，立刻带上救生器材跑过来，成功地把母子二人救上岸，避免了一次大事故。

（1）自救。意外落入水中时，如果身体快速沉入水中，必须保持冷静，不要慌神，先憋一口气，保持清醒状态，全身放松，双臂掌心向下，从身体两边像鸟飞一样顺势向下划水。向下划要快，抬上臂要慢；同时双脚像爬楼梯那样用力交替向下蹬水，或膝盖回弯，用脚背反复交替向下踢水，然后迅速向上扬起双臂，挺胸抬头。此时，身体会迅速上浮，耐心等待，等头部露出水面时，应冷静地采取头向后仰，面向上方的姿势，争取先将口鼻露出水面，立即进行呼吸，同时大声呼救。呼气要浅，吸气宜深，尽可能保持使自己的身体浮于水面，以等待他人救护。呼救的过程中，保持清醒，双脚要连续运用“蹬自行车式”地踩水技巧，双手模仿鸭子脚掌划水的方式进行交替式划水，避免身体下沉。注意：不会游泳及踩水的人不要试图不让自己再次下沉，更不能将手上举或拼命挣扎，这样不但消耗体力，而且因为失去划水的力量，更容易使人身体下沉。如果身体再次缓慢下沉，就照原样再做一次，如此反复，直到救援人员到来。

（2）互救。无论落水者还是岸上的人，首先，要大声呼救，寻求旁边的会水之人帮忙，同时拨打报警电话及医院的救护电话。其次，落水者要保持冷静，不要慌乱，岸上的人不断呼喊，给落水者安慰与信心支持，同时在岸边寻找长的竹竿、绳子或其他救生器材，迅速用竹竿一端伸向落水者，或用其他救生器材，把落水者救上岸。如果岸边的人会游泳，水中情况良好，可以下水救人。施救者一定要从侧后接近落水者，以免被落水者缠住。

（3）立刻抢救。把落水者救上岸后，立刻进行生命体征检查，发现生命体征正常，进行心理安慰即可。如果发现生命体征微弱，立刻叫救护车，同时及时清理落水者呼吸道，保持呼吸道畅通，正确地实施人工呼吸与心脏复苏术，不能消极等待，失去宝贵的施救机会。

少年男生一定要远离水坑、水洼、水库、池塘、水沟等不熟悉的水域，在没有把握的情况下，不要独自盲目下水救人，要考虑当时溺水者的情况和自身的游泳技术，以免导致自身也陷入被动。

男生防身小贴士

生活是美好的，但是生活中的事情有很多时候并不在人们的掌控中。就如月有阴晴圆缺，人有悲欢离合一样，相信美好，相信好人好事多，但也要正视、接纳不尽如人意的人与事，有备无患，未雨绸缪，做个有准备的人，才能更好地面对生活中突发的人与事，保证安全。

防身小贴士：

（1）独自走路时，尽量走大路，不因近而抄小路，最好不要走偏僻阴暗的道路，更不能在这些地方久留。

（2）贵重物品尽量不外露，如手机、手提电脑与平板等，最好放进书包里。

（3）发现有人跟踪时，要保持冷静，积极思考安全的求生方法。遇到歹徒不要盲目反抗，要机智应对，尽量记住歹徒的体貌特征、口音等基本信息，确保自身安全后，及时报警。

（4）学点实用防身术，如学习跆拳道、空手道、散打、摔跤、武术等中外实用的武术技能，学习侦察兵的跌扑滚翻、擒摔技巧、体能训练、沙袋训练、击打反应速度训练等，既能强身健体，还可以防身。

（5）天黑后，回家坐电梯选择靠按钮的一边，进入电梯前先观察情况。

（6）坚决不坐“黑车”，也不与陌生人拼车，遇人求助时，务必要多个心眼，保留证据。

（7）遇到陌生人强拽，勇敢点、精神点、机智点，大声呼喊。

（8）慎用定位系统，保护个人隐私。

（9）必须去往不熟悉或偏僻处时，提前将手机联系人的电话找好，以便随时拿出来联系。

（10）书包里装点防身喷雾剂、辣椒水、电击棍、喷水枪等防身器材。

（11）生命最重要，不管用什么方式求生，都要记得智取，舍弃财物，保护生命安全最重要。

后记

生活中紧急情况的发生，往往没有规律性，有些是可以预见的，有些是可以预防的，有些是可以避免的，有些是无法抗拒的，但是无论什么情况发生，都要面对。如果采取的应急救助方法正确、及时，一般是能平安度过的。

很多事实告诉我们，当遇到紧急情况时，要积极思考对策，充分发挥主观能动性，设法变被动为主动，你就是生活的强者，是不向命运低头的人。要有坚定的意志品质，不到最后是坚决不能放弃的；只要有一口气在，就要拼搏，就要抗争，兴许希望就在最后的一分、一秒钟。

遇到危险情况时，可能会使身体受伤，甚至会威胁人的生命安全。一些损伤如果处理得当，就会把你从死亡的边缘中拉回来；一些损伤如果处理不正确，就会给你造成终身难以弥补的严重后果。其实，平时只要多留心，加强学习与研究，正确掌握好应急救护知识，遇到危险情况后，就能临危不乱，转危为安。千万不要轻视自救与互救，当不幸遇到危险后，面对生与死，你该怎么办？是痛苦等待，在等待中死亡，还是积极地开展自救互救，挽救生命呢？我想，少年们肯定会选择后者。

本书在写法上不是很规范，很多地方也不够精彩，希望读者批评指正。特别感谢出版社陈瑞老师的鼓励与指导，感谢责任编辑的帮助，感谢负责校对的老师们的精心润笔。

李尉晔　刘燕华　李美晔

2016 年 4 月 28 日

于北京郊区老房子